そこが知りたい！"若い教師の悩み"
向山が答えるQA集 １

授業づくり
"よくある失敗"
175例

〜勉強好きにする改善ヒント〜

プロデュース **星野裕二**　著 **向山洋一**

学芸みらい社
GAKUGEI MIRAISHA

まえがき

　今、この本を手にしているのは日々の授業実践に悩む若き真摯な先生だと思う。
　一方、学校現場は多忙を極めそんな若い先生の悩みに答えてくれる先輩の先生もなかなかいない。結果、一人悶々として悩み続けることになる。
　そんな先生の悩みを解決するために本誌は作られた。
　下記は、初めて教壇に立った先生の悩みである。

> 　授業をはじめてするときに、一番初めに悩んだことは、「何を教えたらいいか分からない」でした。赤刷りの赤文字をすべて教えていて、自分も子どもも何をやっていいか分からない授業だったと思います。

　何を教えていいか分からない。
　何を教えるかは分かっても、それをどう教えていいか分からない。
　これは、教師になったすべての教師が最初に持つ悩みだ。
　ここを乗り越えるには、授業技量を上げるための「教師修業」をしなければならない。
　しかし、具体的にその方法を教えてくれる先輩教師に出会える確率はそう高くはない。
　出会えなかった教師は我流の研究、我流の授業で子どもの前に立ち続けることになる。
　本誌の第Ⅰ章を読めば、この悩みは一発で解決する。
　指示の仕方、教材研究の仕方、若い教師が成長する方法……などなど、イロハの部分からその改善のヒント、答えが満載されているからだ。
　次も若い先生の悩みである。

> 　1年生の国語……あの少ない教科書の内容をどうやって時間をもたせればいいのか悩んでいます。

　向山氏の「やまなし」の実践では、「の」一文字で子どもたちが何時間も討論を展開する。
　また、「てふてふが一匹韃靼海峡を渡って行った」というたった一行の詩でも数時間の授業が展開される。教師の深い教材解釈力（教材研究）、討論の授業を成立

させる指導スキル、「向山型分析批評」という指導スキルがそれを可能にするのだ。
　「討論の授業」は高段の芸である。
　また、これは、アクティブラーニングの授業を成立させるための必須のアイテムでもある。
　本誌を読めば、このようなプロとしての技能、技量を身につけるためのヒントをたくさん発見できるはずである。

> 教師の授業活動と児童の学習活動の往復運動こそが授業である。
> つまらぬ形式的行為を断固として拒否する。

　向山氏の授業の定義と正しい教師修業の方向性を簡潔に表現した言葉である。
　私の座右の銘でもある。
　向山氏のＡは、この「一貫したブレない理念」、「子どもの事実と教師の腹の底からの実感」から発信される。
　そして、この本に掲載されているＱ＆Ａは、20代〜30代の若い教師と21世紀を代表するプロ教師向山洋一氏との問答集である。
　15年の長きにわたって、福島県郡山市で行われた向山洋一教育実践Q&Aエキサイティング講座で収録されたものを再構成したものである。

　本書が、若い先生方の日々の授業実践の悩みを解決する一助になれば幸いである。
　最後に、私たち「向山教育実践Q&A事務局」で積み上げてきた問答集を新たな視点で提案する機会を与えてくださった学芸みらい社樋口雅子編集長に感謝の意を表しまえがきとする。

　2016年11月

TOSS kids school大玉校長　星 野 裕 二

目 次

まえがき …………………………………………………………… 2

I 「授業の基本」を押さえないで失敗―改善ヒント

❶ 授業の原理原則についてのQA
1 指示のポイントはどこでしょう ………………………………… 10
2 学習のしつけはどのようにすればよいでしょう ……………… 11
3 知的な授業を仕組む上で大切にしていることは何でしょう … 12
4 授業のまとめ方はどうすればよいでしょう …………………… 13
✿5 学力を向上させるにはどうすればよいでしょう ……………… 15

❷ 日々の教師修業の方法についてのQA
1 いつどのくらいの時間で教材研究をするのでしょう ………… 17
2 研究授業100回行う極意とは何でしょう ……………………… 19
3 若い人が成長するにはどうすればよいでしょう ……………… 20
4 授業記録を残すよい方法とは何でしょう ……………………… 21
5 本や資料の整理はどのようにすればよいでしょう …………… 22
6 指導案の用語の使い方の極意を教えてください ……………… 23

❸ 授業を支える片々の技術についてのQA
1 ノート指導はどうすればよいでしょう ………………………… 24
2 「ここは守らせる」というポイントはどこでしょう …………… 25
3 消しゴムの使い方について教えてください …………………… 26

II 「討論の授業」にならない失敗―改善ヒント

1 意見を多数出させたときの対応はどうすればよいでしょう … 27
2 発言者に偏りがありますがどうすればよいでしょう ………… 28
3 指名なし討論で次々と発表させるタイミングを教えてください … 29
4 すぐにとどこおる討論はどうすればよいでしょう …………… 30

5　ディベートとは何でしょう ……………………………………… 31
         6　活発な討論ができる学級づくりを教えてください ………………… 33
         7　討論授業後の感想の書かせ方はどうすればよいでしょう ……… 34

Ⅲ 「授業で学力」がつかない失敗―改善ヒント

❶ テスト・通知表についてのQA
         1　低学年のテストには点数をつけるべきでしょうか ………………… 36
         2　テストはどのように返すのがよいでしょう …………………………… 37
         3　通信簿の評定のつけ方を教えてください ……………………… 38
         4　年度末のまとめのやり方を教えてください …………………… 39

❷ 家庭学習・自習についてのQA
         1　どんな宿題を出しているのか教えてください …………………… 40
         2　どのように自習させればよいでしょう ……………………………… 41

Ⅳ 「国語授業」がうまくいかない―改善ヒント

❶ "音読"指導のヒケツはどこでしょうか
         1　指導案への音読の位置づけは、1時間でよいでしょうか ……………… 43
         2　すらすら音読させる秘訣は何でしょうか …………………………… 44
         3　意欲的に音読練習をさせる方法を教えてください ………………… 45
         4　指でたどりながら、やっと読める子への対応を教えてください ……… 46
         5　音読指導のやり方やコツを教えてください ………………………… 46

❷ "漢字"指導のヒケツはどこでしょうか
         1　漢字指導の基本は何でしょうか ……………………………………… 47
         2　新出漢字の指導時間をとる方法を教えてください ………………… 48
         3　あかねこ方式以外の方法があれば教えてください ………………… 49
         4　向山式漢字習得システムとは何でしょう ……………………… 50

5　学習した漢字を使って文章が書けるようにするには？ ……………… 50
　　6　語彙の少ない子への指導はどうすればよいでしょう ……………… 51

❸ "作文"指導のヒケツはどこでしょうか
　　1　思ったことを作文できない1年生への指導方法を教えてください …… 52
　　2　作文を指導するときの基本は何でしょう ……………………………… 52
　　3　日記を続けさせる指導ポイントは何でしょう ………………………… 53
　🌸4　効果的な赤ペンの入れ方のコツを教えてください …………………… 54
　　5　会話文や改行についてはどうすればよいでしょう …………………… 59

❹ "分析批評"指導のヒケツはどこでしょうか
　　1　「作者」と「話者」の違いをどう指導すればよいでしょう …………… 60
　　2　評論文を指導するときのポイントは何でしょう ……………………… 61
　　3　討論では、少数意見と多数意見のどちらから発表させればよいでしょう … 62
　　4　「色の象徴」の指導の仕方を教えてください ………………………… 62
　　5　討論後の評価はどのような観点からするのでしょう ………………… 63

❺ "要約指導"のヒケツはどこでしょうか
　🌸1　問題提起の段落の要約も体言止めでしょうか ………………………… 64
　　2　疑問文での向山式要約は体言止めでよいでしょうか ………………… 65
　　3　要約指導への批判と3年生への要約指導について教えてください …… 66
　　4　起承転結の分け方の基本について教えてください …………………… 67

❻ "その他モロモロ"指導のヒケツはどこでしょうか
　　1　当たり前の言葉を当たり前に置き換えない授業とは ………………… 68
　　2　国語の進め方の基本を教えてください ………………………………… 69
　　3　詩を暗唱させるよい方法を教えてください …………………………… 70
　🌸4　読解力がつかない子への指導のコツを教えてください ……………… 71
　　5　文章題や教材文の読解力をつける方法を教えてください …………… 72
　🌸6　絵画的発問は有効でしょうか …………………………………………… 73

V 「社会科授業」がうまくいかない―改善ヒント

1　授業と市販テストのギャップを埋めるには？（歴史） ……………… 75
2　「戦争」の授業をどうやればよいでしょう ……………… 76
❀3　「戦争の授業」を構想するカギはどこでしょう ……………… 76
❀4　道長と天皇の結びつきを発問すると？ ……………… 81
❀5　租税教育をどう組み立てればよいでしょう ……………… 83

VI 「算数授業」がうまくいかない―改善ヒント

❶ "算数授業の基本"指導のヒケツはどこでしょう
❀1　基礎学力を保証する授業とは何でしょう ……………… 88
2　進度の速さの秘密は何でしょう ……………… 90
3　速さはあるが、ていねいさがなくて困っています ……………… 92
4　授業はハイペースがよいでしょうか ……………… 93
5　割り算の商の見当のつけさせ方を教えてください ……………… 93
6　答え合わせの方法とできない子への対応を教えてください ……… 96
7　ノートを見るときの観点は何でしょう ……………… 97

❷ "向山型算数のイロハ"指導のヒケツはどこでしょう
1　導入の工夫を教えてください ……………… 98
2　教え方をライブ体験したいのですが…… ……………… 98
❀3　ノートの書かせ方と指導のポイントを教えてください ……… 99
4　ノートチェックの方法について教えてください ……………… 101
5　ミニテストの入れ方・させ方について教えてください ……… 102
6　挙手させてから指名するのはOKでしょうか ……………… 103

❸ "個別の指導"のヒケツはどこでしょう
1　かけ算九九を定着させる指導の極意とは何でしょう ……………… 104
2　計算の習熟が不十分な子への対応を教えてください ……………… 105
❀3　10までの足し算ができない子の指導はどうしましょう ……… 106

4　引き算をできるようにさせる方法を教えてください ………… 109
　　　5　算数の問題ができない子どもへの指導はどうしましょう ……… 110
　❹　"その他モロモロ" 指導のヒケツはどこでしょう
　　　1　定規の使用を徹底させるにはどうしたらよいでしょう ………… 111
　　　2　「速さ」を求める文章題の指導法を教えてください …………… 112
　　　3　文章題の理解度が低いのは授業が悪いのでしょうか ………… 113

Ⅶ 「理科授業」がうまくいかない—改善ヒント

　❀1　ノートのまとめさせ方はどうすればよいでしょう ……………… 114
　❀2　6年「人のからだ」を貫くポイントは何でしょう ………………… 116
　　3　理科専科で一番大事なことは何でしょう ………………………… 117

Ⅷ 「音楽・図工授業」がうまくいかない—改善ヒント

　　1　低学年の歌唱指導のポイントはどこでしょう …………………… 119
　　2　右手を使えない子のリコーダー指導を教えてください ………… 120
　　3　楽器演奏テストを全員参加にする方法を教えてください ……… 121
　　4　絵の評価はどんな観点ですればよいでしょう ………………… 121

Ⅸ 「体育授業」がうまくいかない—改善ヒント

　　1　授業のはじめに短時間でできる運動を教えてください ………… 123
　　2　ラジオ体操を全校指導するにはどうすればよいでしょう ……… 123
　❀3　ジャングルジムがこわい子の指導法を教えてください ………… 125
　　4　鉄棒の前回りおりの指導法を教えてください ………………… 126
　❀5　縄跳びの補助運動はどんな運動を行えばよいでしょう ………… 127

	6	向山式縄跳びの級表に空欄があるのはなぜでしょう …………	129
	7	バスケットボールの授業の極意は何でしょう ………………	130
	8	水泳のゴーグル使用はどうでしょう ………………………	131
	9	「子ども主体」ということで子どもに指示を出させるのは？ ……	131
	10	体育の授業はどのように始めればよいでしょう ………………	132

Ⅹ 「学習の遅れ指導」で陥りがちな失敗―改善ヒント

	1	引き算、かけ算がおぼつかない5年生への指導法 ………………	134
	2	文字や計算の習熟が不十分な3年生への対応 …………………	135
	3	授業中に計算力をつけるにはどうしたらよいでしょう …………	136
✿	4	算数の個人差に対応するにはどうすればよいでしょう …………	138
	5	授業にまったく参加できない子がいます ……………………	140
	6	ひらがなの読み書きがまったくできない子の指導法 ……………	141
	7	低学力の我が子に何をしてやればよいでしょう ………………	143
	8	遅れぎみの子も満足する授業とは ………………………………	144
	9	学力不振児への居残り授業の是非 ………………………………	144
	10	低学力の5年生をどう指導すればよいでしょう ………………	145
	11	他の子と同じペースで学習できない子の指導 …………………	147

Ⅺ 「学習障害児指導」で陥りがちな失敗―改善ヒント

	1	自閉症的傾向の子にどのように対応すればよいでしょう ………	149
✿	2	脳性麻痺の後遺症を持つ子への指導ポイント …………………	150
	3	自閉症的傾向の知能指数測定不能の子への対応ポイント ………	152
	4	自閉症の子に百人一首を教えるには ……………………………	152
	5	授業中に奇声を発する自閉症的傾向の子への対応 ……………	153
	6	LD児を授業に参加させるための手立ては ……………………	154
	7	耳の不自由な子がいるので百人一首を躊躇していますが ………	156

―注記 ✿印は、ぜひ読んで欲しいＡです。

Ⅰ 「授業の基本」を押さえないで失敗—改善ヒント

1　授業の原理原則についてのQA

Q1　指示のポイントはどこでしょう

質問の内容

　私が初めて３年生を担任したとき、次のような失敗をしました。
　「外へ出て、花壇の前で待っていなさい」という指示を出したとき、子どもたちは「外へ出て……」まで聞いたとたんに外へ飛び出していきました。
　これは、指示が終わるまで動いてはいけないという、ごく初歩的なことをおろそかにしたためと思い、改善策を考えました。どれが適切でしょうか。
① 　順序逆転の法則。『花壇の前で待っていなさい。外へ出ます。どうぞ』
② 　前指示追加の原則。『話が終わって「どうぞ」と言われるまで動いてはいけません』と追加する。なれれば「かくれ指示」となって不要になるが……。
③ 　聞き終わる前に動いた子は、ぶんなぐる。子どもは、２度と指示が終わる前に動くことはなくなる？
④ 　しょうこりもなく、同じ指示をする。
⑤ 　後指示追加の原則。『待っている場所がわかった人は行きなさい。どうぞ』を追加する。

A　かくれ指示はOK？

　全然ダメなのは「ぶんなぐる」ですね。③は話になりません。
　「しょうこりもなく同じ指示をする」というのも同じ混乱になりますから、この④も話になりません。
　⑤の後指示、後から指示の追加をするというのも、絶対やってはいけない原則ですから、ダメです。③、④、⑤は話のほかです。
　すると、①か②です。
　①の順序逆転の法則は、何の話か子どもたちがわからない。話の筋道がわからなくて、子どもたちがイライラすることになります。
　ですから、この場合は②がいいですね。

Q2 学習のしつけはどのようにすればよいでしょう

質問の内容

向山先生は、授業時における学習のしつけはどんなことをされるのですか。
また、それは年間を通して徹底するのですか。

A 子ども同士が注意しあうのがベター

これはよくわかりません。私は学習のしつけというのはあまりしたことがありません。

要するに、「席に着いて前を向きなさい」というのは言ったことがありますが、「姿勢をよくして座りましょう」なんてことはしたことがありません。ああいうのは大嫌いですから。そのことが嫌いなのではなく、そういうことを指導するのが好きではないのです。

別に指導している人を非難しているわけではありません。

ですから、私は授業のときに、「こちらを向きなさい」と言うこともありますが、いやだったら子どもはこちらを見ないと思います。それでも私はあまり言わないですね。

ただ、授業中に真後ろを見ているというような子には「○○さん、こちらを見なさい」などと声をかけます。あるいは、子どもが発表しているときに向こうを向いている子がいるようなときには、「甲本くん、岡田くんが聞いていないみたいですよ」と言うと、発表している子が「岡田くん聞いてください」「岡田くん、そうでしょ」などとそういう子に対して言います。

大森学級もそうでしたね。新潟の大森修先生もそんなふうに声をかけて、子ども同士が注意していました。

私は「学習のしつけ」というものを意識したことはありません。

授業中のしつけで一番いいのは、教師がよい授業をすることです。それに尽きます。

それが第一であって、しつけとか何かとかは第二第三です。

「そんなこと言ったって子どもに聞く態度ができていないのにどうすればよいのか」なんて言う人がいますが、ダメな教師に限ってそんなことばかり言います。

《授業が知的である》〈子どもに知的興奮を与えられる〉そんなことが第一です。極端に言えばそれがすべてです。

Q3 知的な授業を仕組む上で大切にしていることは何でしょう

質問の内容

知的な授業を仕組む上で一番大切にしていることは、何ですか。私はすばらしい実践者の授業を追試したり、討論をできる発問を考えていますが。

A 教科書見開きで問題を100問つくることだ

　もっと具体的に質問してください。これでいいんじゃないですかとしか言いようがないです。

　授業は、問いをつくります。その基礎力をつけないといけないんです。基礎力をつけるためには、「教科書を開いたら、見開き2ページで、100問つくりなさい」と言われています。

　国語の文学教材、3年生のものだとしましょう。ちょうど100問つくる。これは、とても長文読解では、無理です。1文読解でも無理です。1つの言葉読解か1文字読解でつくらなければ、100問なんてつくれるわけがありません。

　教師ならば、100問つくるという作業をやらなくてはなりません。少なくても研究授業では、やらなくてはなりません。

　私は、新卒1年目で、市販テストをつくりました。5年生の社会科のテストをつくりました。2年目に社会科の指導書を書きました。このとき、私が自分自身の基礎作業としてしたことは、自分の担当する部分を見開き2ページで100問つくるということでした。このことが基礎体力となるんです。

　次に知的な授業をつくるために1つだけ言えば、「あれども見えず」です。

　読んでいるんだけども見えないものを見させてやるというのが、知的授業の骨格です。

　例えば、「古池や　蛙飛び込む　水の音」という芭蕉の歌があります。このとき、一番強く強調されている言葉は、どれですかと聞きます。

　うちのクラスで授業をするとこうなります。

　子どもが、「水の音です」と答える。

　「どうして水の音なんですか」

　「先生、それは、体言止めだよ。文章の最後にきている。

　俳句の一番最後で、しかも体言止めだよ」

　5、6年生ですね。違う子が、手を挙げる。「これは、『古池や』という言葉であって、『古池に』ではない。『古池に　蛙飛び込む　水の音』だったら、水の音が強

調されているけど、『古池や』なんだよ。『や』は、ここで、一旦切れているんだ。切れるよりか、詠嘆を表す。したがって、一番強調されているのは、『古池』なんだよ」

最初読んだとき、古池やという言葉は、見えません。今の授業では、「や」という言葉が浮かび上がってくる。

あれども見えずとは、こういうことで、目の前にあるんだけど、浮かび上がってこない、こういうのが浮かび上がってくることが、知的な授業と言えるんです。

そのような授業は、自分1人だけでつくっていくのは、大変なことです。全国にたくさんの先生方がいる。そういったところから、学んでいけばいいんです。

最初、そのようなことを学んで、自分もできるようになっていけばいいんです。基本を知らず、おれがおれがなんて、最初から自分流でいくなんていうのは、バカです。

昔から、お稽古ごとがあり、守破離という3つのステップがあります。最初は、基礎・基本を守る。教えられたことをきちんと守る。そして、1つか2つ、それを破る、やがてそこから離れていく。これは、いかなる芸道でもスポーツでも、修業のステップです。それも、基礎・基本が大事なんです。

Q4 授業のまとめ方はどうすればよいでしょう

質問の内容

私は法則化流に、チャイムがなるとすぐ授業を打ち切ってしまいます。ときには「もう一言つけ加えておけばよかった」と後悔することがあります。

国語の授業では、最後に「自分の今の考え」を書かせるようにしていますが、きちんと板書をうつさせて終わるまではなかなかできません。

先生は、授業をどのように終わらせるのですか。一言、授業の感想やはげましの言葉を言うのでしょうか。

ぜひ、「まとめ方」について教えてください。

A 映画の最後に「まとめ」があったら!?

正直言いますと、私は「授業のまとめ」を、ほとんどしたことがないのです「どうしてやらないのか?」と言われても困るのですが、次のような感じに近いのです。

1時間の映画なり、テレビなりを見ます。

そのとき、最後に「映画のまとめ」をしたらどうなるでしょう。

だいなしになるに決まっています。

こうした感覚に近いのです。
「ちょっと待て、授業は映画とは違う」と、反発される方もいらっしゃるでしょう。しかり。まったく、そのとおりです。
授業は、映画とは違います。
でも、映画に限らず、小説でも、講演でも、本でも、イベントでも、「まとめ」ということはほとんどやりません。
なぜ、授業だけが「まとめ」をするのでしょう。
それは、映画なり小説なりは「ああ、おもしろかった」と楽しめば、後は忘れようとどうしようと勝手なのですが、授業はそうはいかない事情があるからです。
それは「習ったことを覚えておいてもらいたい」と思っているからでしょう。
そのために、たぶん「まとめ」をするのだと思います。
もう1つ「まとめ」が必要となるのは、学習したことを「整理」する必要があるときでしょう。
この場合の、私の考えははっきりしています。授業そのものを整理されたものにして、後で整理する必要ないものにすればよい——というものです。この方が「まとめ」なんかするより、ずっといい方法です。
「習ったことを定着させたい」という願いはわかります。でも「まとめ」をすることで、その効果があがるのでしょうか。
私のクラスでは、そうしたことをしてませんから「定着度が低い」のでしょうか。
そんなことはないと思います。
とすると、私にとって「学習のまとめ」をする意味がなくなってくるのです。
私は「学習のまとめ」なんかしないですむ授業をする方がいいと思ってます。
「学習のまとめ」に時間を使ったり、努力したりするより、授業そのものを工夫した方がいいと思ってます。
調布大塚小時代の尊敬する先輩（日本の理科教育をつくられた1人ですが）坂本茂信氏も、私とまったく同意見でした。2人とも最後の「まとめ」はしなかったのです。

Ⅰ 『授業の基本』を押さえないで失敗―改善ヒント

Q5 学力を向上させるにはどうすればよいでしょう

質問の内容

もちろん普段の授業が大切となってくるのですが、私は、普段の授業と家庭学習をうまく組み合わせて学力が向上できるのではと思うのですが。
自主学習を取り入れています。
ただやらせるのではなく、こちらからメニューを与えその中から選ばせるようにしています（岩下氏の実践をもとに）。
1週の授業と家庭学習を見通してメニューを出せたらよいのですが……。

A 「ややこしい問題」をクリアしているかを見ることがカギ！

（これで力はつくのでしょうか。）

つきません（笑）。

自学をもしかするんなら、学習の習慣をつけるとか学習が好きになるだとか、そのことでやるべきであって。

しかも時間も短くするように制御しなくちゃいけないですね。

子どもが一生懸命やってくるでしょ。

勉強できる女の子なんているじゃないですか。家のえり子みたいに（笑）。

そうすると、先生はわあってはり出したりするんですよ。「みんな、こういうふうにやるんだよ」とか言って。ほめられるから、その子は毎日やってこなくちゃいけないと思うわけですよ。

我が家でも、帰ってきてから4時間も5時間もやるんですよ。なんかどうでもいいようなことを。日本地図かいて何か色をぬったりして。

私、えらい迷惑ですけど。子どもは先生の信頼を得るんだと必死になって取り組むわけですよ。

結果として、何やったかというと、女房がかわりにやってました（笑）。

家のカミさん、大学で教えてるわけですから、できますよ。文字を若干下手にして。バカバカしいったらありゃしない。でも言えなかったですよ。そんな笑いごとは。内緒の話でここだけの話ですよ。

もう1回言いますけど、自学っていうのは、熱心に一生懸命やるほど、私はこれは害の方が大きいと思います。

自学させるなら、絶対の条件として時間を30分とか、30分以上やっちゃダメだよとか、1時間で終わりなさいということを教師の責任としてやらせなくちゃいけないですね。

真面目な女の子ほど一生懸命やってきますから、それをいい気になってあおっちゃいけないですね。
　それはまた、勉強とか何かいろんなことに関心を持つというならいいんです。
　ただ、先生のお考えになっている「学力を上げる」ということだったら別です。
　当たり前のことですが、学力を上げるということだったら、「漢字が全部書けるのか」ということをチェックしてやったり、「算数の教科書の問題が全部終わっていますか」ということをチェックしたり。先生、チェックしたことございます？
　私が授業しますと、算数で仮に問題(1)と書いてありますね。
　うちのクラスでは、問題をやってできたら全部バツ。
　間違えたところはそこをぬかして、答えを書いて。また後でもう1回やり直すことになっています。
　で、教科書に必ずしるしがついているわけですね。できたか間違えたか。
　それを単元が終わるごとに全部検査します。
　子どもはノートと教科書を持ってやってきます。1つ1つそれを調べます。
　私は、ウソ書いてるの発見する名人でしてね。まあ、誰でも発見できるんです。
　一番その中でややこしい問題見ればいいんです。
　ぬかしたりするのは、絶対一番ややこしい問題ですから。一見やっているように見えても。
　それを見つけて、「全部見直してらっしゃい」ってやるんです。
　そうしますと、子どもたちは宿題があろうがなかろうが向山先生の場合、必ず単元の終わりにチェックされて。やってなかったら、学校に残ってやっていく。休み時間でもやらされますから、必ずやるようになるんです。
　というふうに、教科書に書いてある問題をきちんと全部自分でやっている。そのこともチェックし、ノートにも書いてある。
　そういったことをきちんと見てやることが学力が伸びているということの基本なんですね。漢字もそうですね。
　そういったことをぬきにしてはなかなか無理ですね。学力を伸ばしたいならですよ。
　それでね、学力を伸ばしたいなら親切にしない方がいいですね。親切にいろいろ説明したりお話したりすればするほど、子どもはわからなくなります。
　親切に子どもたちにいろいろ言葉をつくして説明される先生がいらっしゃるでしょうけど。そういった先生のクラスの子どもたちの学力は低いです。そうじゃなくてお隣で、なんかつっけんどんな感じでやらせている先生の方が実は学力がついているもんなんです。

2 日々の教師修業の方法についてのQA

Q1 いつどのくらいの時間で**教材研究**をするのでしょう

質問の内容

かねてより、向山先生が目のまわるような多忙な生活の中でよく学級の子どもたちに支障をきたさないなあと思っておりました。また、教材研究の時間はいつ、どのようにとっておられるのかと思います。そこで、次の1点について質問します。
毎日の授業の教材研究をいつ、どのくらいの時間で行っていますか。

A 〈3＋5〉を教える原理は何か？

　教材研究の時間をほとんどとっていません。
　私の審査を受けた方なら理解してもらえると思いますが、私はほとんどの教科書や教材教具について通じていると思います。
　それは主として次のようないくつかの仕事をやってきたからです。
　第一に、私はNHKの「面白ゼミナール」という番組で、最初から最後までずっと教科書問題を担当しておりました。
　そこで担当していた教師は6名いるのですが、先生たちは基本的に毎年交代していきます。しかし、私だけは毎年生き残っていきました。後半になると有田和正先生もずっと生き残っていきました。
　月に1回の会議で1人が50問ほど持ってきます。新しく来られた先生はみんなはりきっています。NHKの会議に出られる方ですから有名な先生方ばかりです。教科書を書いたり、本を書いたりしているのは当たり前の方々です。そういった、いわばそれぞれのグループの大ボスが出てくるわけです。それで、今までの問題がどうとかと文句を言います。「それでは先生、よい問題をつくってください」とお願いします。
　そういう人は、だいたい3か月でその会議に持ってくる問題がなくなりますね。
　「それはみんな知っている」「やりました」「検討済み」などと言われます。その上に「その問題については西ドイツの教科書にはこう出ているのですよね」といやみを言われます。
　そういう中で、7年間生き抜くというのはどういうことかおわかりになると思います。すべて教科書はもちろん、外国の教科書も指導書もテキストもワークもすべて、そういった中で勉強してきたというわけです。

2番目は、進研ゼミです。

　進研ゼミの小学校コースの教材をつくるときに、ライターの先生方が100人ぐらいいらっしゃいました。附属小などのお力がある先生方ばかりです。そして、企画を担当する人が10人ぐらいいます。私はその企画部門の責任者でした。つまり、今言ったライター全体の責任者です。当然すべての教科に通じてなければなりません。

　また十何年か前にその教材をコンピュータのソフトにするプロジェクトもありました。

　そのときは、学校放送のライターとかそういった方を迎えて、優秀な先生方のチームがつくられましたが、私はその中の責任者でした。すべてのチームの責任者でした。学年ごとにチームがあります。NHKと論議します。私は今でも忘れませんが、すさまじい論議でした。

　「先生、例えば〈3＋5〉というのを教えるでしょう。そのときに、テレビの画面に人間が3人出てきて、こちらから5人出てきて、それで教える。これが1つ。

　馬が3頭出てきて、画面を通過し、その後から5頭出てくる。それも〈3＋5〉になる。

　次に、3と5が出ているとき、1つにつき1回ずつ音をトーンと鳴らしてやる。そして全部画面から消してしまう。

　この3つの〈3＋5〉はどのように違うのですか」

　あなたはその原理を説明できますか。

　例えば、そのような議論を毎回やるわけです。教材をつくるということは、そういったことを考えなくてはならないのです。

　さらにもう1つは、私は京浜教育サークルというところで教師になって30年近くやってきました。

　最初の頃は毎週1回の研究会でしたが、後に月2回の研究会になりました。私が欠席したのは、今までに1回か2回だと思います。

　研究会には毎回膨大な量のレポートやその他のものが提案されてきました。毎回ファイル1冊分になるわけですから、今までにファイル何百冊分もの検討をしてきたわけです。

　その上現在では、教育技術の法則化運動を発足させ、全国から送られてくる先生方の様々なレポートを何千部か何万部かに目を通しています。

　また、自分自身は明治5年学制発布以来最も多くの本を書いてきた教師ですから、書くという作業の中でもやってきたわけです。

　もちろん、学校の研究ということの中でも、研究紀要をつくり、発表し、いろい

ろな提案をしてきました。
　そういったことの結果として、教材を見てその授業を組み立てるということが多少できるようになってきたわけです。
　もちろん私に時間があるならば、もっともっと時間をとって勉強して、よい教育をしていきたいのは、みなさんと同じです。

Q2　研究授業100回行う極意とは何でしょう

質問の内容
研究授業100回をやりとげるための極意を教えてください。

A　指導案をつくり、反省を文章化しては……

　まず、研究授業ができる機会があるときは、進んでやることですね。
　学校には、尊敬できる先輩というのでしょうか、同僚でもいいのですが、いると思うのです。お1人ぐらいは。すばらしいなとかいい先生だなと思える人です。
　その先生にお願いして授業を見ていただくことです。
　「私は授業がヘタなので勉強したいのです。研究授業をやりたいと思うのですが、教えていただけませんか」というふうに、その先生にお願いして見ていただけばよいのです。これも研究授業と考えていいわけです。しかし必ず指導案はつくりますし、反省も文章化します。
　その次に、学年の中でやるということです。「私がやりますから見ていただけますか」と学年の先生方に見てもらうのは無理がありませんし、融通がきくでしょう。
　それから、差し支えなければ校長先生や教頭先生にもお願いすればいいでしょう。これも人によりけりで、いろいろな方がいらっしゃいますが、「先生に教えていただきたいので見ていただけませんか」と言えば、後輩が頭を下げているのですから、いかなる人でもダメだなんては言わないはずです。
　私自身の思い出で一番思い出深いのは、調布大塚小学校時代での、57、8歳くらいの年輩の先生のことです。
　研究授業をされるときご自分が一番最初にされるのです。
　学校全体の研究会ではなく学年の中です。それもサラッと1枚の指導案を持ってこられ、「明日研究授業をするから見て教えてね」とおっしゃるのです。すばらしい先生でした。退職されるまでそういったことを続けられました。
　そうやって学年の中に研究を続けていく雰囲気をつくられました。そういったご

努力をされていったわけですね。

リキんでやっても100回はなかなか続きませんから、今述べたように、見ていただいて教えていただくというようなことをしていけばよいのではないでしょうか。

Q3　若い人が成長するにはどうすればよいでしょう

質問の内容

「雪国のくらし」を教材化するために、東京から十日町まで延べ30日以上通いました。また「ニホンザルのなかまたち」を教えるために、上野動物園のサル山に延べ10日以上通いました。

行くたびに教科書にはない、またはまったく反対のことを発見したりして大変おもしろいのですが、授業になかなか結びつきません。

こんな私が向山先生を抜くほど成長するにはどうすればよいでしょう。

A　まずは、校内の仕事で蓄積しては……

教材研究が授業に結びつかないのはふつうのことです。正直に言いますと、若い人が私のところまで来るのは大変だと思うのです。

それは、私以上に勉強したりするのは並の努力では無理と思えるからです。

でも、どこかに私を抜いていく後輩もいるでしょうから、私の場合を一応書いてみましょう。

第一に、私は新卒のときに京浜教育サークルをつくり、今日まで研究してきました。ざっと25年間です。初めの頃は毎週、後に月2回の活動になりました。私は、1、2回しか欠席していません。この間の研究会は合宿を含めて3千回、提案文書はファイルで1万冊分くらいになるでしょう。これだけの研究仲間と継続が必要ということです。

第二に、私は学校の研究活動、担任の仕事に積極的に参加してきました。80枚におよぶ圧巻指導案でもそれはわかると思います。

分析批評をはじめ、教育課程の編成システム、内容など数々の提案をしてきました。

校内の仕事に対して、新卒のときからの蓄積がほしいわけです。

第三に、私は教師としては、本代、資料代にかなりの費用をかけてきました。それができた私は幸せなのですが、新卒の頃から、本代、資料代には給料の大半をあててきました。

以上のことでしたら、まだ追いつける人はいるでしょう。でも、次のことはむず

かしいことだと思うのです。
　第四に私は、法則化運動を始める前は、日本一の教材企画者だったのです。
　ある出版社の（日本一の）教材企画は、私が組み立てました。そのときのチームは著名な附属小の教官を中心におよそ100名いました。3年がかりの仕事でした。
　第五に、コンピュータに入れる教材企画を3年間やったことがあります。学年別にチームがつくられ（その人の名を挙げれば誰でも知っている人です）私はすべての学年のチーフであり、NHKのプロデューサーとの論争にあけくれたものでした。
　第六に、私は「NHKクイズ面白ゼミナール」の出題者を6年間にわたってやりました。その間に、すべての教科書を何回も研究しつくしました。外国の教科書も読みました。
　第七に、法則化論文として集められる論文に何万本も目を通し学びつつあります。
　私を抜くには、形は違っても、これ以上の勉強が必要になります。ぜひ抜いてください。

Q4　授業記録を残すよい方法とは何でしょう

質問の内容

　自分の授業記録を残しておこうと思うのですが、忙しさにかまけてつい怠ってしまいます。
　日常の授業を記録しておくのに能率的な方法がありましたら教えてください。

A　授業は必ずメモる習慣をつければよいのでは……

　私の方こそ教えてもらいたいですね。
　授業参観してもらってビデオに撮ってもらうのが一番よいのではないでしょうか。
　私はいつもテープレコーダーを机の上に置いていますから、録音のスイッチを押してから授業を始める場合もあります。
　ただ、テープ起こしをしようとすれば、授業中の「発音」をメモしておいた方がいいです。
　テープ起こしは5倍の時間はかかりますが、メモがあればその半分に短縮できます。

Q5 本や資料の整理はどのようにすればよいでしょう

質問の内容

向山先生の本にはいろいろな本からの引用文がありますが、「どの本のどの部分にあの文があった！」とすぐ思い出されるのでしょうか。
本や資料の整理の秘訣のようなものがあるのでしょうか。

A たくさんありすぎてムリ、書くときは3つ材料が揃ってから

秘訣はないですね。

私は1日平均2～3冊の本を読んだり1日に平均4～5冊の本を買ったりしてます。

そういう生活をして30年過ぎていますから、うちの前を歩く人が部屋の中を見て、「あっ、ここに新しい図書館ができたんだ」と言ったこともあります。

私は現在7、800名くらいの学校に勤務していますが、その図書室の本の総数よりも多くの本を持っていると思います。

そうしますと、何がどの本に書いてあるかなんて覚えているはずがありません。

たくさんの本を買っていますと、家にある同じ本を2冊目買ってしまうこともありますね。

女房にバカにされます。ちゃんと読んでないからそうなるのでしょうね。

同じ本を3冊目買ってしまうこともあるのです。書名がすごくいいのでそれに惹かれて買ってしまうのです。でも開けるとつまらない。それをすっかり忘れて買うのですね。

4冊のときがありました。こうなると、私は自分が老化現象が始まったのかと思いましたね。

私の最高記録は5冊です。同じ本を5冊も買ったことがあります。そんなときでも、いつも違う本だと思って買っていたのです。

ですから、読書して覚えているか覚えていないかというと、覚えていないですね。

本を読んでいて大切なところはマーカーペンで印とかつけているわけですが、引用したいなと感じたときにつけているのでしょうね。

実際にみなさんがライターとして、ライターといっても必ずしも本とは限らずに学校だよりでも何でも、ちょっとしたものを書きたいというならば、異なる3つぐらいの資料がなくてはだめですね。

例えば、「環境」というテーマで書くとしましょう。400字詰め原稿用紙5枚程度です。

I 『授業の基本』を押さえないで失敗―改善ヒント　23

すると、環境というものを集めなくてはならないですね。一番役に立たないのは新聞です。新聞に書いてあることを引用して書いた文章なんてみんなへたくそな文章ですね。おもしろくないです。

私ならメジャーではない素材を使います。学校に配られる生協のチラシなどでもそれを使ってうまく書けますね。

そういったことで環境のことについて3つ集まったら書いていくのです。

そんなふうにして集めた、小さな、落ち穂拾いのような材料が3つあったら、おもしろい文章がどなたでもお書きになれるのではないでしょうか。

Q6　指導案の用語の使い方の極意を教えてください

質問の内容

以前、『教室ツーウェイ』で指導案の書き方がテーマとなり、とても勉強になりました。今でも読みかえしております。今日は直接お話をお聞きしたいです。

A 「わかる」「理解する」「気付く」―使い分けできますか

指導案の書き方はとてもここでできませんので、これパスします。

で、これは、前に言ったのは、「わかる」「理解する」「気付く」というのが、指導案で用語を使いますが、全部意味が違いますね。

意味が違って書くべきだと、学習指導案の中で。例えば「理解する」というのは、ある出来事があっていろいろな考えが出されます。それら考えの違いを整理し、1つ、あるいは2つの結論に到達するのが、「理解する」です。ですから、ある現象、ある状況が与えられなければなりません。子どもたちにたくさんの意見の違いが出てくるのが条件です。1種類か2種類の意見が出て理解するなんて、授業でできるわけがない。「理解する」とはそういうことですね。

「気付く」というのはある物が必要です。ある物が与えられるんですね。そして、子どもたちの活動がそこでなされ、ある種の結論に到達します。子どもたちがそれぞれ、ばらばら勝手。例えば、じしゃくが一番わかりやすいでしょう。いろんなじしゃくを持たすと、子どもたちはやっていって、そして、「先生、金属の物につくよ」「光ったものにはつくよ」「つくやつもあればつかないやつもある」「じしゃくって持っていればなる」だとかそれはばらばらでいいわけです。

それが「気付く」ですから、したがって、「気付く」という授業をするからには、物が与えられ、活動する時間が、たくさんの時間が与えられ、しかもそれが自由で

なくちゃだめですね。それじゃあないのに、「気付く」とか「気付かせる」とか授業でするわけがないです。

したがって、学習指導観というのは、それを見て、流れで対応すると。そうすれば、見る人が見れば、この人の力がどのくらいなのかということが、1発でわかるわけです。希望なら見てあげましょうか。学習指導案をですね。

それがぐちゃぐちゃでたらめなのがたくさんいます。公開発表でやっているところでもいますね。

ちなみに公開発表を学校でもしかやるとするならば、お力がある指導主事の先生に来ていただいて、学習指導案の検討をしなくてはだめですね。私がやった、調布大塚なんかの公開発表では、研究主任で必ずやりました。

今言ったことがある点です。最初のときは指導主事の先生に来ていただいて、もう既にその段階でこういった授業をやりたい、全体の構想を文書にしてあります。文書にしてもらってそれを見ていただいて。そこがよいとこか悪いとこか。2回目はもっと具体的にします。指導案の全体の中で。それについていいか悪いかをやります。3人対1人です。そういった場合だったら、全体として指導主事の先生は全体でお力がある先生が多いわけですから、必死になって、先方も勉強してきます。「それはいいとか悪い」とか、「ここはこうだ」とか。そして優れた感じの論点を3回ですね。それぐらいやるなら公開授業は意味があるんです。

逆に言えば、今言ったことがない公開授業なんてのは、ほとんど普通の授業の点と同じくらいです。この中にも指導主事に将来なっていかれる先生もいるでしょうし、校長先生になる人もいるでしょう。もしか公開授業をするならば、今言ったような場を設定できるかです。それが多くの先生にとって本当に力になると思うんですね。

3 授業を支える片々の技術についてのQA

Q1 ノート指導はどうすればよいでしょう

質問の内容

いろんな機会で向山先生のノート指導（特に算数）についての文を読ませて頂きましたが、今1つイメージが追いついていきません。

そこで、先生のクラスのこのノートの実例をコピーなどによって、拝見させていただけないでしょうか。

A　きれいなノートを基準にすると全体がきれいになる！

次の機会にコピーいたします。

「美しさ」に対する自分の感覚なんです。いいんです。ノートの見開き開いてきれいだなと。

それを一番基準にするのが自分のクラスの子どもたちの中で、ノートをちゃんと指導しますときれいになる女の子がいますでしょ。クラスの中できれいに書いてくる。

それを基準として、それが全体としてとれるようになってくる。ということにすればいいんです。そうするとクラスのきれいな子は、もっときれいになります。そういったことを高めていけばいいんです。

Q2　「ここは守らせる」というポイントはどこでしょう

質問の内容

「ここは守らせる」というポイントについてお尋ねします。

向山先生は、「本読みの印を丸10こ書いてそれを赤でぬらせる。ここは必ず、赤でさせなくてはならない」とおっしゃっていました。私は青や普通の鉛筆でも黙認していました。

「そういうところから学級が乱れる」というのはわかるようにも思うのですが、そのぐらいはよしにしてもよいと思えます。

その「ここは守らせる」というポイントを教えてください。

A　本読み「○」10こを赤でぬらせるわけは……

それはセンスの問題ですね。

私はこれは、○を書かせるのとぬらせるのは別ですよ。○を書くのは赤でとは言いません。10こ○を書かせると、普通は鉛筆とかそういうのが多いのですが、ぬらせるときには赤いんです。ですから教科書の横の題のところに、1回読んだら赤い○がつきます。この赤い○がずっとつくのがいいのか、青でもいいというふうになるのか、青と赤混じってもいいというふうにするのか。

私は、子どもたちに全員赤でというように表現しますね。

それが赤でも、青でもいいと、何の色でもいいと、そんな緊張感のないところに、しっかりとした、しっとりとした学習は成立しないと思っています。

ですから、何が何でも全部はやる必要はございませんが、自分の美的センスが、学習のときのそのイメージが、許せない、許せると判断すればいいのだと思います。

Q3 消しゴムの使い方について教えてください

質問の内容

子どもが黒板消しを使わないことで、子どもが黒板に上手に書けるようになりました。
算数の、消しゴムを使わないことで、子どもの計算力、ノートの使い方がよくなりました。
他教科でも消しゴムを使わせないポイントがあれば教えていただけないでしょうか。

自分なりの解決策

国語の漢字練習など、間違っても消さずにやっています（他にも応用できればよいのですが）。

A 消しゴムを使うほど勉強ができない子に……

基本的には、できるだけ使わない方がいいですよね。
教室で消しゴムを使えば使うほど、その子は勉強できなくなります。
勉強できない子は、何回も消します。消さなくたっていいことまで消します。
ですから、原則として消しゴムを使わない方がいいですね。
私は、算数の場合ですが、1時間に1回だけは使っていいって言ってますね。

Ⅱ 「討論の授業」
にならない失敗―改善ヒント

Q1 意見を多数出させたときの対応はどうすればよいでしょう

質問の内容

例えば、「絵をみて気づいたこと」を発表させます。意見が20も出たとします。
そのとき「板書」はどうすればよいかわかりません。意見をすべて書くのでしょうか、それとも板書はしなくてもよいのでしょうか。
また、それを発表させるのでしょうか、途中でストップして発問等をすればよいのでしょうか。発表されたことすべてに対応しない方がいいのでしょうか。
たくさん「気づいたこと、不思議なこと」が出されてきますが、どうもすっきりしません。

A 個々に対応して脱線するのは悪いやり方だ

板書はどうするかということですが、私は板書をしません。

発表については、させる場合もあります。

途中でストップして発問等をするかということですが、これはいたしません。つまり個々に対応して脱線していくという授業のやり方は悪いことだと思っております。

全体の構造がわかって、基本路線の上をまたやっていくのがよいのだと思います。

発問でも何でも1時間の授業であれば、授業というのは1本の骨太な路線によって成り立っています。

この中の途中で、1問目はこうであるとか、2問目はこうであるとか……というのは、いいのです。こういったことの変化を言っているのです。

そのために発表というのは一番最初にドサッと言わせる。いろんなことを発表させて、ここから学習問題をつくる。これはあり得ます。

ところが、子どもが何か意見をちょこっと言うと、それはそうなんだけどとかこれはこうなんだとか教師がぜんぶ言ってしまう。そのつど、途中停車をしたり細い道に入ってしまうわけです。元に戻ればいいのですが、元に戻らないでどこかへそれてしまう。こんな授業があります。これは最悪の授業ですね。

こういうのがけっこう多いのです。授業記録なんかを見ますとたくさん出てきます。

授業というのは1本の骨太な全体の路線でつながれている。そこからぶれない。仮にそれることがあったにしても必ず元に戻る。それが授業であると思っています。

ですから、質問にあるように、発表させている途中でストップして発問をするようなことはしません。

それから、板書をしないと言いましたけれども、子どもたちに板書させることはあります。

子どもたちに「これを見て気がついたことを書きなさい」と発問した後「1つだけ黒板に書きなさい」と言うと、10人とか15人とかがドドッと黒板に来ます。そしてドドッとさがります。

こんどは前の黒板を見て、違う意見があったら前に出て書きなさいとやります。そういったことをすることがあります。

ただこれは人によるでしょうけど、私はあまり板書をしない方です。どのくらいしないかというと、教師になっていままでちゃんとした板書をしたという記憶がありません。それくらいしないのです。有田和正先生とか野口芳宏先生とかにご批判されるでしょうけれども。

Q2 発言者に偏りがありますがどうすればよいでしょう

質問の内容

なるべく「討論の授業」になるように発問をしています。発問に対して自分がどの考えなのかを決めさせたり、理由をノートに書かせてから指名していますが、同じ考えだと発表しません。

友達の発表について○×とその理由をノートに書かせていますが、討論では発表に抵抗のない男子の発表が多く、女子の発表はほとんどありません。発言者が偏っています。

この授業のパターン（発問←考えの決定←ノートに理由を書く←発表←ノートに○×←討論）そのものに問題があるのでしょうか。あるいは部分的に改善すればよいのでしょうか。また、全体で燃えるような討論ができるようにするには、子どもにどんな力をつければよいのでしょうか。

A テーマの問題とともに、ほめ方が足らないのでは？

クラスには30人、40人の子どもがいるのですから当然発言には偏りがあります。もともとそういうものだと思っています。

この方の授業のパターンには問題がありません。私がこのとおりやると女子も発言しますから。

「部分的に改善すればよいか」については、この質問者がどのような状況にあるのか知りません。わかりません。

ただ、この方法は原則的な方法ですから基本的にいいと思っています。

全体で燃えるような討論ができるようにするために子どもにどんな力をつければよいのかも、よくわかりません。この討論のテーマがおもしろくて燃えるようなことだったら、燃えるのではないかと思います。これは、やっぱり討論のテーマそのものが大切だと思います。

直観ですが、この先生は、ほめ方が足りないのだと思います。

どんな発言でも、上手にほめられれば発表するようになるものです。

Q3 指名なし討論で次々と発表させるタイミングを教えてください

質問の内容

指名なし討論に挑戦しています。パッと立ち、互いに顔を見合わせて座るタイミングが難しいです。

そこで立ったままどんどん発言させています。

リズムを崩すことなく発言者以外を座らせるのにはどうしたらいいのでしょうか。

石黒先生は「少しずつ慣れていけばよいことにして」と原・原『トークライン』1996年7月号に書かれています。この1文の中にも細かいステップがあるのだと思います。

A 「指名なし朗読」から入って「指名なし討論」へ

こういうのは「向山洋一教え方教室」で具体的にやっているんですが、たぶん「指名なし討論」をするのは最初からは無理でしょう。

一番いいのは「指名なし朗読」ですね。

朗読。本をここ読んでくださいというふうにひとマル交替で読むんです。

ただし教室をちゃんと分けなきゃいけませんよ。子どもたちの顔がお互い見えるようにしなくちゃ全然駄目ですから。

全部前を向いている状態じゃダメですよ。

一番理想的なのは「ロの字型」でしょう。「ロの字型」でなければ、少なくとも「コの字型」にはしなくちゃなりませんね、それもすぐできる方法で。

私は前から3列目ぐらいまで中央から2つに分け

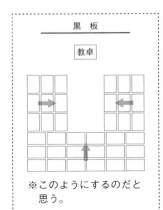

※このようにするのだと思う。

て内側を向かせます。

> 今日の国語の勉強は読んでもらいますよ。いつもなら順番に読んでもらうんですが今日は読みたい人が立って読みましょう。ただし、1人ひとマルだけ。
> 読んだら座って、次の人が立って読みなさい。先生は指名しませんから。

これは簡単で、次から次へと立って読めるでしょう。
次の段階は「指名なしの発表」です。

> **指示1**
> この写真についてどういうことが感じられますか。考えたこと疑問に思ったことを書いてごらんなさい。

たくさん子どもたちは書きます。
したがって当然たくさん書く時間がなくちゃだめです。子どもが箇条書きで20も30も書いたことだったら、どっかで発表したいわけです。

> **指示2**
> じゃこの写真について思ったこと考えたことを発表してごらんなさい。
> 先生は指名しませんから、次から次へと立って発表しなさい。

そうしますと、発表のリズム、朗読のリズムがわかってきますから、その上で討論するのがいいでしょう。

Q4　すぐにとどこおる討論はどうすればよいでしょう

質問の内容

　討論の授業に挑戦中です。何とか指名なしの発表ができつつあります。
　しかし、発問が悪いのか、情報の蓄積が足りないのか、すぐに討論がとどこおってしまいます。
　しーんとするのです。どうしたらよいのでしょうか。
① 補足発問をしてゆさぶる
② ひたすら待つ
③ 次の展開を考える

④　考える時間を再度与える
⑤　その他

A 「自分の考え」をノートに書かせている？

　これ討論する前に当然、自分の考えをノートに書かせているでしょうかね。
　こんな常識的なことをしなかったら、討論になるわけないですよ。
　そして、かつ、子どもが書いた自分の考えというのは、箇条書きにして、1人あたり、30も40もなっているでしょうね。
　子どもというのは、ノートに書いた意見が出尽くすともう何も言いません。
　逆に言えば、1人の子どもが30も40も意見が出るような、そのような発問なのでしょうね。
　今言ったことが基本です。発問が悪いのかもしれません。蓄積というよりか、その蓄積されているノートの中にずーっと子どもの意見が出ているような、そのような授業をしていないのかもしれません。
　いずれにしても、討論の授業ということの基本をはずれている、ちゃんと踏まえてないということだろうと推定します。

Q5 ディベートとは何でしょう

質問の内容

『トークライン』1995年12月号75ページに次のように書いてあります。

> たとえば、「戦争で人を殺してもいいと思いますか。悪いと思いますか。」というテーマでディベートしたとします。いいと思う人は教室のこちら側に来なさい、悪いと思う人はこちら側に来なさい、討論しなさい、というのがディベートですね。

　しかし、これは、違うのではないのでしょうか。
　私の受けたディベート講座では、論題が決定されたら「肯定派、否定派、どちらになってもディベートできるように準備しなさい」と言われました。一定の時間が経過した後、肯定派、否定派、審判と自分の役割を変えて3試合行いました。枠で囲んだ文は、以上のようなディベートもあるということを説明してはおらず、ディベートといえば、肯定派、否定派に分かれて直ちに試合するものだと誤解を招くのではないのでしょうか。

A 「討論」と「討議」の違いをふまえて考えてみると……

　今から10年ぐらい前にディベートを日本の教育界に最初に紹介したのは、向山

です。法則化運動の中からディベートをやる人が出てきました。

　ディベートというのは、荒く言うと討論です。どこから生じたかというとアメリカの大学の優秀な学生がいる授業で、「松本君、このことについてどう考えるね」と言われて、彼は、いろんなことを調べてそれを答えるわけです。「でも一方、大学の何とか先生によるとこんなことを言っている。それについて、君はどう考えるかね」ということが矢継ぎ早に授業で行われるわけです。それがアメリカの最も知的水準が高い授業なんです。通常、こうした論議のことを称して、ディベートと言っています。

　それは、極めて高い水準が要求されます。学生の方は、1週間ぐらい準備し、それぞれの論題ごとに提案をし、賛成であれ、反対であれちゃんとそのことを求められるんです。

　なぜ反対、賛成でやるかというと、真理というのは、両方の側に立ってないと、見えてこないんです。両方行われないと、どこが正しいのか、どこが間違っているのか見えてこないんです。

　アメリカは、間違いなく世界の知的指導者層を育てていったわけです。そういった人間が、たった1つの本のことだけで正しいと思うようになったら、大変心もとないわけです。

　これは討論であっても、私の言っている討論とは違うわけです。ディベートは、極めて高い水準であるだけに賛成も反対もわかった上で、なおかつどこらへんが真理の中心であるか。そのディベートは、優れた教育方法なんですが、それを小学校におろす、あるいは、中学、高校でやってみたいといっても、今言ったことが、できるはずがないんです。

　優秀な、日本で言えば東大の学生が、1週間まともに研究をしてきて、しかもそれが1日5時間、10時間図書館に閉じこもりっきりで、準備をしてきたような、そのようなことができるはずがないんです。また、論議させたとしたって、いろいろなことが出てきませんよね。だから、それに代わるようないくつかの形式をつくっていくしかないんです。

　ディベートの方法もその形式の1つで、ここに書いてある通り、肯定派、否定派に分かれ、審判をつくる。それは、1つの方法なんです。

　でも、論争という形で闘わせるといったことは、荒く言って、こういうことでいいんです。もともとは、こういったことから、始まったんです。

　現在、日本の教育界で紹介されているディベートの授業は、1つの様式が守られていますから、それが、1つの方法なんです。

　ついで、紹介する中で言っておきますが、討論と討議は、違います。

討論するというのは、論を闘わせるんですから言いっぱなしでよし、討議するというのは、論を闘わせて議するんですから、決めなくてはいけません。職員会議でやるのは討議です。研究会でやるのは、通常は、討論です。

私が、なぜ討論の方がいいかというと、1つのテーマが設けられ、賛成の意見があり反対の意見があり、その途中で子どもたちが、ゆれ動いているんですね。私はそれが自然だと思います。テーマの選び方にしてもあらかじめ設定するのではなく、いくつかのことが出されて、しかも意見が賛成、反対と出てくる。それらがだんだんしぼられ、最後は大論争になってくる方が、子どもの心理状態からすればはるかに自然なんです。討論の授業の方が、はるかに優れていると思っています。

Q6 活発な討論ができる学級づくりを教えてください

質問の内容

向山学級のように、活発な討論ができる学級をつくっていくには、どのようなステップが必要なのでしょうか。

『教育トークライン』の「なぜりんごがとれるようになったか」の中で、討論の授業の初期の指導法が見えたような気がします。

具体的な授業の様子を例として、活発な討論ができる学級づくりのステップを教えてください。

A 思ったことや考えたことを発表しなさい―から出発しよう

これにお答えすると2時間かかりますのでパスします……というと怒るでしょうね。こんなに大きな問題をこそっと出して答えなさいというと困りますね。もうちょっと論点をしぼって、質問項目をしぼって、はっきりわかるような形で質問していただきたいというふうに思います。

全体にわかるようなことについては、石黒先生の『討論の授業』が出ていますので、まずそちらをお読みください。

なお、私が何度も言うことですけれども、人様の討論の授業を見ること。自分自身が討論の授業を見ているっていうことが第1の条件ですね。

ビデオっていうのはノイズが入りますから、雑音が入って全体の緊張度が高まりませんから、通常現場で見たときよりも5割安、4割安というような感じになっていますので、それを想像しながら見る。あとは、討論の授業の最初の頃にあまり高いものを求めず、子どもたちの意見をほめる。

ですから、「この2つのものを討論しなさい」というようなことをするのではな

くて、最初の段階では、「思ったこと、考えたことについて発表しなさい」でいいんです。というようなことから出発するんですね。

Q7 討論授業後の感想の書かせ方はどうすればよいでしょう

質問の内容

討論の授業をし、最後に今の考えを書かせると、何もしないといつまでも「すごかった」という感想ばかりを書く生徒がいます。
今年度は下のように指導をし始めました。これでいいのでしょうか。

自分なりの解決策

中学校1年生に最後の5分で今の考えを書かせる。
教科書本文のここにこう書いてある。この言葉はこういう意味だから結論はこうなるという説明をする。
書かれたノートにA（討論で話題になったこと10根拠）、B（根拠のみ、感想）で評定をして返す。
これでよろしいのでしょうか。

A ABCをつけるなら、Cもつけなくちゃ

私なんかはいつも「すごい」それでいいなと思うんですが、先生、それだけじゃ許せませんか。まあ、中学校ですからね。
私、小学校なら許しちゃうな。毎回毎回書いてでしょ。
つまり何も書く気がしないってことでしょ。まあ、それも1つのあり方だからいいんじゃないかと思うんですが。
いくつかあります。なぜ、これ「C」つけないんですか。（ダメと言えない自分があるからだと思います。）
ABCつけるならば、そのダメと言えない自分がダメなんですよね。やはり中途半端ですよね。
次に私と一番大きく違うなと思うのは、私はこういうふうには教えないんですよ。教えないで何をするかって言うと、「A」のを読んでやるんですよ。
よく先生方で間違えやすいのは、教えようとするんですよ、書き方とか板書とか。いいんですよ。クラスの中に20人も30人もいるんだから良くなっている子、ちょっと工夫している子があるわけだから。
「いいなあ。太郎ちゃん、よくこういうふうに書いている。題書いている。タイトル書いている。わあ、すごいなあ。絵まで描いている」そういうのをほめられた

っていうのと、最初から「タイトルを書くんですよ。イラストも描くんですよ」って言われるのとどっちがうれしいですか。長井さんどっちがうれしい？　こう持っていったとき。わあ、イラスト描いてんだ。なんてさあ。当たり前、こっちの方がうれしいよね。当たり前ですよ。

　教えなくていいんですよ。ほめて引っぱり出してくりゃ、と思うんですね。そこが違いますね。

Ⅲ 「授業で学力」がつかない失敗—改善ヒント

1 テスト・通知表についてのQA

Q1 低学年のテストには点数をつけるべきでしょうか

質問の内容

「先生、テストに点数をつけてください。うちの子はその方が励みになります」と保護者に言われました。

1年・2年と持ち上がりでもっていますが、テストに点数をつけていません。

「低学年のうちは点数にこだわってほしくない」ということと、ペーパーテストで常に低い点数を取ってしまう子のことを懸念してのことです。

低学年のペーパーテストの点数をつけるべきかどうか、向山先生のお考えをお聞かせください。

A 「ノー・テスト」で学力保障ができる教師はいるのか？

　当然テストの点はつけるべきです。

　この先生が熱心にやっているというのはわかりますが、点数をつけている先生とこの先生と比べてどちらのクラスの子が学力が上かというと、私は点数をつけている方が上になると思います。

　もしも点数をつけていなくても学力を高められるというのならば、通常の倍の努力が必要です。倍の努力をするだけの覚悟があるのかというと、これがだいたいないのですね。そのときは覚悟しても1週間で終わってしまうとか、長い間にだめになってしまうものです。

　テストの点数はつけるべきだと思います。

　そうでなければ点数をつけない形のテストをつくり上げればよいのです。

　例えば、計算問題をずらっとながくやっていてできたところまででいいとか。5問とか10問の中から1問しか解いてはいけないとか、100点満点のうち70点ぶんしか解いてはいけないとかやるのです。

　なぜそんなテストをやるかといえば、その子がわかっているかどうかを正確に理解したいからです。元京都大学の森毅さんなんかも京大の大学院なんかでやったそうですが、テストも100点なんかではなくて今言ったように70点しか取っちゃあい

けないだとか、10問出して1問しか解いてはいけないとかやっています。

そんないろいろなパターンがありうるわけですから、そういったことをやっていけばよいのです。

でも、一般的にはテストの点数はつけるべきだと私は思います。

つけないで学力を保障できると思っていたらそれは教師としての謙虚さに欠けるのであり、子どもに申しわけないことをしているのです。

ただ、あなたが「教科書を書く」「本を5冊・10冊出す」教師と同じ力量があれば別です。

そのような力のある教師なら、このような方法もありうるでしょう。

Q2 テストはどのように返すのがよいでしょう

質問の内容

ワークテストを子どもたちに返すときです。

1つ1つ教師が説明していきます。間違いが多かったところは、黒板を使って説明します。わかってもらおうと必死に説明します。

これだけで45分使い、後の時間が足りなくなります。授業がひどいのでしょうか。

向山先生は、どうするんですか。

A 問題文のポイントに丸をつける―必ずやらなくちゃ

やりすぎですよね、これ。授業がひどいのでしょうか、よくわかりませんが。

向山先生は、どうするんですかって、もちろん解説、説明はしますよ。

でも、テストやってそれ返して、解説するというのは、5分か10分かそれぐらいだと思います。

ただし、昨日でしょうか、一昨日でしょうか、うちのグループでやったんですが。

国語で大変いい説明文の問題がありました。

本当は、それを持ってきてやればよかったのですが。

私はこのようにします。

説明文の読解力。「……そのことは、どういうことですか。」と書いてあったとします。

子どもたちに赤鉛筆で問題文の中の「どういうこと」というのそこだけに丸をしなさい。

「どういうこと」って聞いてんですから、答えの文章の最後は、「何何のこと」で

終わります。

「このはたらきは何ですか。」では、これは「どんなはたらき」というとこを聞いてんですから、答えの一番最後は、「はたらき」で終わります。

「このことをまとめた言葉は何でしょうか。」問題文の「言葉」というのに丸をつけなさい。

言葉を聞いているんですから、文を答えたら×です。「何とか何とかです」とつけちゃうのいるんですね。

説明文の場合、例えば、「どのようなはたらき」「何とかのこと」、その問題文の一番ポイントについて丸をして、そしてこのように答えるんですよ。

その上で説明するわけですね。そういったことはします。

Q3 通信簿の評定のつけ方を教えてください

質問の内容

通信簿の評定のつけ方についてご質問します。
私の県では各教科の評定を3・2・1の3段階でつけております。
向山先生の学校ではどのような評定なのでしょうか?
また、向山先生はどのような基準で評定をされておられるのでしょうか?

A 結果として「いいかげん」が「ほめる」に通じる

おもしろい質問ですね。1・2・3とつけなさいと指導要録のつけ方に書いてあるから、どこでもそうつけるのではないでしょうか。だから私のところもそうです。

評定をする場合、人数で分けないならば基準があるべきですね。基準で分けるべきですね。

ところが、国語なら国語で4つも5つもある評価項目についてどういう基準をたてるかなんていうのは、大変複雑怪奇ですね。しかも全教科30も40もある項目について、どこからどこまでがAで、どこからどこまでがBだなんてことができるはずがないのです。

そういうことを私は職員会議で発言をしました。でも、本当はあるべきなのです。だけど、できるはずがないということです。

むろん、学校ぐるみで何年も研究したという場合もあるでしょう。

電話帳のような労作ができあがります。しかし、それは使いにくいものですし、他の学校で使うことはないでしょう。2、3年たったらつくった学校でさえ見向き

もしなくなると思います。

　もし、そういったことについて辛うじてやろうとするのならば、最低限、学年の中の若干の話し合いということが必要になります。基本線を決めます。

　それ以外は全部担任に任される、というふうにせざるを得ません。

　誰にとってもわけのわからない状態ですから、校長先生も教務主任先生もそれでいいとなるはずです。

　要するに、全然基準がないのと同じということですね。結果的にそうなります。

　ぜんぶ思ったままにつければいいわけです。

　「よくできたね」と言って、みんなAをつけてやればいいのだと思います。

　これが、最大のよさだと思います。「いいかげん」にならざるを得ない、結果として「ほめる」ことが多くなるというところがよさだと思っています。

Q4　年度末のまとめのやり方を教えてください

質問の内容

　次の3つはやりたいと考えています……2年対象。
① 朗読テスト（声の大きさ、口の開け方、読む速さに的を絞って）
② 年間単元別漢字テスト（ミニテスト形式・B6の白紙用紙を使用）
③ 計算チャレンジテスト（ミニテスト形式・B6の印刷用紙を使用）
　①は授業の中で3回ぐらい、②・③は朝の活動・授業で10問程度20回丸つけも含めて5分間で実施する。

A　10問のテスト時間2・3分、丸つけ1分が基準

　何かよく意味がわかりませんけれども、要するに「読み書き算」という形でこういった基礎的なことを短い時間の中で教えたい、これはいいことだと思いますね。

　ただこれは思いつきじゃなくて、全体にきちんとした形で出せると思います。

　丸つけを含めて5分間程度っていうのは妥当だと思います。

　通常10問出して、テスト時間がたぶん2分か3分だと思います。で、丸つけというのは子どもに自分で丸つけさせりゃいいんです。

　隣と交換してもいいんですけど「自分でつけなさい」と。「自分でつけなさい」と言うとズルする子も出てくるんです。消しゴム使って答えを正しくして、そしてあったら丸をつける。でも、いい。

　それでも教師は見て見ぬふりをして「一生懸命やってよくできたね」と言ってやる。そのうち自分でやってできるようになりますから。

私の場合は丸つけさせるのに1分程度、全部ひっくるめて4分程度ですね。ですから5分程度。これを10分、15分とやると授業に食い込みすぎると思います。

2 家庭学習・自習についてのQA

Q1 どんな宿題を出しているのか教えてください

質問の内容

おもしろ宿題というのがあります。
「お母さんのくせを書いてくる」とか「家庭で大切にしているものを調べてくる」等です。
先生は、宿題はどういうものを出したことがありますか。変わった宿題の例などありましたらご紹介ください。

A おもしろ宿題例……先生の悪口を日記に書きなさい！

私は宿題はあまり出しません。が「出さない方針だ」というほど強いものでもありません。

家庭訪問のときに親から「もっと宿題出してくれませんか」と言われるとぐらつきもするのです。

それは、一部の子にとっては、宿題があった方が家庭学習の習慣がつきやすいかなと思うからです。

私が宿題を出すときは、教室での勉強のやり残しです。

例えば、30問の練習問題をやらせている途中に、授業終了のチャイムが鳴ったとします。そんなとき、私は次のようなステップで授業を終了させていきます。

- チャイムが鳴り終わった瞬間「30問終わった人、遊び時間にします」（残りの子は必死にやります。終われば遊び時間です）
- チャイム2分後「25問までやった人、残りは宿題にします」
- チャイム3分後「20問までやった人、残りは宿題にします」

そして5分後には、全員が遊び時間になります。本当は授業中、気をぬかないでやっていれば、ほとんどの子は終わるぐらいの量なのです。人間ですから、たまにボーッとしたいときもあります。そんな子が、少し遊び時間に食い込むのです。

私の宿題はこの手のものと、あとは「自分から調べてくる」といったたぐいのものです。

変わった宿題例ということですので、思いつくままに書いてみます。
- 1年生担任のとき、子どもの日に際して。「明日ね、お父さん、お母さんにだっこしてもらいなさい。そして、何か一言いってもらいなさい。これが宿題です」
  好評の宿題ですが、肥満の子のお父さんがうっかり「重たいね」と言ったので、子どもが大泣きして大変だったという親からの便りもありました。
- 算数の難問を5問出して、このうちの1問を宿題にします。1週間ぐらいでいいです。
- 寝る前に、時計の針を10分間じっと見つめていらっしゃい。
- 家のまわりにある、へんな形をしたものをみんな調べて書いていらっしゃい。
- 家の中で聞こえる人間・ラジオ・テレビ以外の音を取材していらっしゃい。その通り書いてくるのですよ。
- 先生の悪口を日記に書いてきなさい。
- 友達と図書館・児童館に行ってきなさい。
- 駄菓子屋を調べて、先生を案内しなさい。

Q2 どのように自習させればよいでしょう

質問の内容

若い先生方も新任研修会で教室をあけることが多くなっています。ベテランの先生方でも自習となると簡単な計算問題や漢字練習、作文、絵等をかかせて過ごさせることが多いようです。
効果のある自習のさせ方についてお教えください。

A 「算数の勉強をすすめていきなさい」

自習させるときは「何をしたらいいのか」が、はっきりしていることが必要です。
自習時間に、子どもがさわぎ出すのは、何をするのかはっきりしていない場合です。
その点で「漢字」や「計算」はやることがはっきりしていますから、子どもたちは静かに集中しているようです。
さて、自習の場面です。
私の場合は、大きく分けて2つです。
1つは、出張したり、休んだりするときです。
1つは、他のクラスの授業を見に行くときです。

自習というのは、大切な学習方法であって、「自習も１つの学習方法である」という立場に立たないと、教師の研究はすすめられません。
　昔「私は、自習にさせたくないので、研究授業に行きません」と言う人がいました。一見、もっともらしいのですが、この人の場合「だから、自分も研究授業をしない」という方便に使っていました。
　私は、自習の時間は「漢字」とか「計算」とかのわかりやすい課題を出す方です。
　子どもは、自分で学習をすすめていきます。
　ここで思い出しました。自習というのは、子どもに、どのような学習方法を身につけさせているかということと密接に結びついています。
　私のクラスでは、極端な場合、次の言い方でも大丈夫です。
「次の時間は自習です。算数の勉強をすすめていきなさい」
　これだけで通じるということは、学習方法を身につけているということです。
　さて、出張の場合など、もう少し配慮します。
　１つは、最低基準を決めておくということです。
　例えば、「38ページまで終わらない人は、そこまでを宿題にします」というようにです。目安は、まじめにやればほとんどの子が終わるという分量です。
　もう１つの配慮は、先にすすんだ子のためのものです。
　別途にプリントを（難しい問題などを）印刷しておくこともありますし、本を読んでいなさいと言うこともあります。
　考えてみれば、私の自習の指導は、実に平凡なことです。
　『うつしまるくん』（東京教育技術研究所扱い）は自習用として最適でしょう。
　子ども１人でできますし、知的だからです。
　朝自習に行われるようで飛ぶように広がっています。

Ⅳ 「国語授業」
がうまくいかない—改善ヒント

1 "音読"指導のヒケツはどこでしょうか

Q1 指導案への音読の位置づけは、1時間でよいでしょうか

質問の内容

　6年「石うすの歌」(10時間扱い)の研究授業で、私は4回分の全文音読を位置づけました。

　①読めない漢字を調べながら、②グループ音読、③指名なし音読、④1人で音読する、の4回です。

　指導案検討の段階で、ある先生から「①6年生なら予習で漢字を読めるようにしておくべき。②音読は宿題にする。③もっと読み取りに時間をかける。」と言われました。

　私は、授業の中で時間をとって読めるようにしてから、読み取りに入りたいと考えています。単元終了までに10回は読むという追試もさせていただいています。

　向山先生はどう考えますか。

自分なりの解決策

(1) 指導案上は1回にして、実際には時間をとる。
(2) 私の考えで通す。
(3) 間をとって指導案上は2回にしておく。

　私は(2)です。実際に授業をしているのにおかしいと考えます。
　今回は校内ですが、県の発表時にはどうなるかわかりません。

A　音読—「○10個を赤で塗る」から始めよう

　国語の新しい単元に入りますね。

　題名の横にちっちゃな○をずっと書かせるんですね。

　1回最後まで読んだら、その○を赤くぬりなさい。学校で読んだのであろうと、家で読んだのであろうと、1回読めば1つ○をぬっていく。

　で、次の時間。「○○ちゃん、すごいなあ。3つも○がついている。おうちで読んできたの？　えらいなあ」って言ってやると、言わなくたって次の日どどーっと増えてきますから。

　で、これは毎回毎回単元に入るときはやってますから、自動的にチェックしていることになります。

教師はたまにほめてやればいいんです。ただひたすらほめる。

おおよその目安は○が10個なんですね。たくさん描いてあったらほめてやる。

で、こういったことをチェックするのは、子どもは授業の中でやるべきですね。もちろん家でやることも期待しますけど。

基本的には学校でやるわけですから。要するに授業というのは授業時間に全部完結するということを基本において。

それでも足りない部分はあります。

かけ算九九の練習であるとか。漢字の練習であるとか。

そのことは、子どもたちが無理なくできるようなシステムや方法を教えておいてやるべきです。

ですから長塚先生がおっしゃったような方法でいいんじゃないですか。

Q2 すらすら音読させる秘訣は何でしょうか

質問の内容

すらすら音読させる秘訣は何でしょうか。
全文を読む回数なのでしょうか。
もしそうだとしたら理由は何なのでしょうか。

A 教師も声を出して音読を

音読の秘訣とは、どんな文章、1つの作品だけでいいです。1つだけでいいから声を出して読んだら10分から15分、毎日続けて10年間て感じでしょうか。プロの場合ですよ。

たぶんやってた人で誰か知ってるな……。児言研の大久保忠利先生、そうかな……たぶん。音読ってことの神髄まで達するには、教師も声を出して自分の音読をする。

大久保先生、学者ですけども、たぶん10年ぐらい、ものすごいスパンで言ってましたね。1つの教材でいい、同じものでいいと。教師もまた、声を出して、大きな声で音読すべきだと。

まあ、そういうレベルもあるんだということです。

Q3 意欲的に音読練習をさせる方法を教えてください

質問の内容

　授業中、音読練習をしているとき、意欲的に取り組みません。その結果、すらすら読むことができません。
　どのような練習方法を学校や家庭でさせれば意欲的に練習をし、すらすら読むことができるのでしょうか。
　一斉読みとか、1人1文ずつのリレー読みとか、2人組みによる交替読みとかの練習方法でも意欲的に読ませることができるのでしょうか。
　私がそれらの方法で音読練習をさせても意欲的に取り組みませんでした。何がよくなかったのでしょうか。
　よい方法を教えてください。

A　ほめ言葉、ほめ方が肝心！

　先生、教室は明るいですか。(えー……。)
　先生は、「うまいなあ!!　すごいよ！」なんて言えます？(いえ、そんなオーバーには……。)
　言えません？
　「中尾君、とってもいいじゃない！」なんて言えません？
　よいことをどういうふうにほめます？(えーっと。)
　方法が悪いんだったら、そのほめ言葉の方ですよ。ほめ言葉の方が悪いからのってこないんですよ、ほめ方。
　ほめ言葉の方が暗いか、言わないか。
　教師はほめ言葉を結構言ってないんですね。
　音読は時間かかりますよね。基本的にはやっぱし、ちっちゃいときの親の読み聞かせだと思いますね。もう、2歳、3歳の頃からの長い間のことを小学校に持ち込んできているわけですから。
　それを一挙になんては無理だと思いますね。ですから、何回も読んできたことに対してほめてやって、たまには音読カードみたいなものをつくってやって、合格したら3重丸とか、ちょっとよかったら2重丸とか。
　まあ、毎回毎回大変でしょうけども。そういったこともやってやるってことを、続けるほかないですね。

Q4 指でたどりながら、やっと読める子への対応を教えてください

質問の内容

現在3年生を担任しています。文章を読むとき、指でたどりながらやっと読める子がいます。
言葉のまとまりがわからないときがあります。とにかく本を読むといいと思い、毎日、音読の宿題を出していますが、ほかによい方法はないかと考えています。お願いします。

A　おもしろい本で毎日つきあってやること

毎日つき合ってやるしかありません。あれもこれもじゃなくて、やさしい本をちゃんと読めればいいんです。

もっと言うと、子どもにとっておもしろい本を探してやるといいんです。絵本の初期の段階がいいんじゃないでしょうか。それを声を出して、読めるようになったら、「上手に読めるようになったね」「1日1回先生に聞かせてね」と言ってやればいいんです。

あれもこれもじゃなくて、1つの本が読めるようになれば、ほかのもちゃんとなっていくものなんです。

Q5　音読指導のやり方やコツを教えてください

質問の内容

音読について、1時間の授業の中でどの程度の音読をされているのかお教えください。
その時間での目安となる回数のようなものやコツなどがありましたらお願いいたします。

A　聞いている人がいる！　読む回数を増やす！

「音読」というのは、音読指導をきちんとやるという立場の音読と、とりあえず教科書が読めるようになってほしいというときの音読があります。

教科書を読んでもらいたいというときには、例えば、ひと丸交代（1人1文だけ読んで次の人に交代）やふた丸交代（1人2文で交代）で読みなさい、というのがあります。

当然のことながら、そういったやり方ですと時間がかかって多くの子が読めませんから、今度は向かい合って2人で交代で読みなさいというのをやります。これは

2人ですから短い時間でたくさん読めます。

　同じようなバリエーションで言えば、同じ班、例えば4人なら4人の中で交代で読んでいきなさいという方法があります。

　つまり、読む回数が増えて、聞いている人がいるという形をとればよいのです。

　これは1時間にいつもするというわけではないです。

　しかし、国語の授業の中では原則として1回は音読をさせるというのがひとつの大事な点でしょうから、これが目安になると思います。

　そうではなくて、群読その他の方法で読ませる場合にはそれぞれの教材が必要です。

　以前から紹介していますが、『小学生の愛唱集』という冊子があります。これは大変すばらしい本です（研究所に少しあります）。

　新潟の大森修先生の仲間で、私のクラスで一番最初に授業をされた先生の学校でつくられました。すばらしい力をもっておられる先生です。その先生が必死になって、何千という日本の詩集の中から選んできた詩を集めた詩集ですから、1つ1つの言葉がきれいで、教材として適しているのです。

　ですから私は、この中にある詩を教材として取って子どもたちに配布し、授業をします。他からさがすよりこれの方が早いですから、教室に置いておいてここから使っています。

2　"漢字"指導のヒケツはどこでしょうか

Q1　漢字指導の基本は何でしょうか

質問の内容

　向山先生の漢字指導の方法についてお尋ねします。
① 国語の授業時数のおよそ何パーセントぐらいを使われていますか。
② 漢字ドリルは、どのような使い方をされていますか。
③ 漢字を楽しく子どもたちに定着させる方法を教えてください。

A　親の前で指書きさせたり……

　2つの時期がありますね。1つは、テストをする問題を決めておいて、5～10分間くらいやる。自分で採点して、自分で直す。

　あとは、後半になればなるほど何ページから何ページまでやって自分で練習し

て自分で答え合わせをして先へ行きたければどんどん先へ行きなさい。と、簡単にやるわけですよ。子どもたちは、これ自分の勉強をした方がいいですね。だから私、いちいちやったという記憶がないんです。

　漢字の練習法（指書きなど）などは定着するまで何度でも教えますよ。授業参観でも見せます。一番最初のときは、「次こうやるんだから練習してくるんだよ」と言っておく。そして親の前で見せる。親たちは、こうやって勉強するものなのかとわかりますから。

　漢字を楽しくというのでは、例えば、「土」という漢字は、（図にかいて）地面から双葉が出ているという意味であることを教えるのもおもしろいですね。

Q2　新出漢字の指導時間をとる方法を教えてください

質問の内容

　新出漢字の指導は、毎日少しずつやりたいのですが、国語でその時間を毎日つくることができません。今は、朝自習で子どもたちが1人ずつ先生になって、決まった時間に勉強しています。

自分なりの解決策

① 国語の始めか終わりに時間を決めて指導する。
② 単元に出てくる新出漢字をまとめて指導する。
③ 今のように、自習時間を使って子どもたちだけで学習させる。
　他によい方法がありましたら教えてください。

A　「子どもたちだけでやる」はバツ！

　③はよくないですね。授業時間にする必要があります。漢字の学習は、その復習を自習時間にやらせるというのは話がわかりますけれども。

　私は新出漢字指導っていうのをほとんどやったことがないんですよ。どうするかというと、あかねこ漢字スキルだったらそれを出して、「このページをやりなさい」で終わりなんですね。

　ちゃんと漢字の覚え方、教えますよね。指書きからやって。例えば、「このページ5つ分練習しなさい」と言って練習しますね。そして3分ぐらいたって、「全員起立してごらんなさい」とか「座ったままやってください」とか言って、空書きをやらせます（実演）。『川』……（声を出してそろえてハイッ）いち、に、さん。みんなできている、少しさぼっている子がいるけれども（笑）。『山』をやってごらんなさい。いち、にーい、さん。

Ⅳ 「国語授業」がうまくいかない—改善ヒント

そうやっていくと、できない子もパッとやりますから、やらざるをえないですね。ですから、今言ったチェックの方を毎回やった方がいいです。

で、保護者会のときには、ちゃんとまわれ右をさせてお母さんたちに見てもらうわけです。あまりやり過ぎると、しつこくなって、「何よ。あの先生は」なんて言われますから、3問か5問ぐらいにします。お母さんたちは、自分の子どもを必死になって見ていますから。でも、漢字の練習ぐらいは、お母さんとの共同作業でやっていったっていいことですから。

大事なのは、指を教えること、3問か5問ぐらい。そんな長い時間でなくていいですよ。で、毎日やればね。2日か3日にいっぺんぐらい時間とってやってもいいし。その代わりにチェックをちゃんとしっかりやるということです。

それ以外に朝自習の時間を使ったりするのはもちろん結構です。

Q3 あかねこ方式以外の方法があれば教えてください

質問の内容

向山先生は漢字テストをする際、「特に宿題を出さなくても100点をとらせる」と、どこかの雑誌論文に書いてあったと記憶しています。

そこでお尋ねします。漢字の覚え方で、①ゆび書き、②なぞり書き、③うつし書きの3パターン以外に秘訣の方法がありましたら教えてください。

ちなみに私は先の方法（3つのパターン）でやっていますが、なかなか全員（30名）の子どもが100点とれません。

A あんまりやるとボロが出る（笑）

30名の中にどういう子がいるかという事情によると思います。100パーセントというのは「求めることもない」という現状があると思います。

通例の意味で力がある子、そういった子がいるならば、100点を全部求めるといったこともありますが、ここにあること以外でやるのは、「今日国語の授業です。この前やった3つの漢字、指書きしてみよう。全員起立。書いてみなさい。イチ、ニー、サン」

それは、毎度の時間の授業で行いますね。せいぜい、1分か2分もあれば、宿題もあります。授業参観のときもやります。

「漢字のスキル、いつものように書いてごらんなさい。お母さんたちが来ています。サービスしましょう。回れ右。「田」と書いてみなさい」

お母さんたちは我が子を必死になって見ています。そのときにですね、「ちゃん

と練習してきなさい」というのをやるんですよ。いじわるにやらないで。2つか3つやって、「あんまりやるとボロが出るから。また、前見ようね」と言って。親たちはどっと笑うとなりますが、家の方々にも子どもの漢字の学習程度を理解しておいてもらうというのは大変大事なことだと思います。
　そういったことの積み重ねだと思います。

Q4　向山式漢字習得システムとは何でしょう

質問の内容

「指書き」はインプット。
「なぞり書き」は確認。
「うつし書き」はアウトプット。
① 　以上のように分析しました。
② 　これはコンピュータコンテンツにこそふさわしいと考えます。
　以上をご批評ください。

A　コンピュータコンテンツ！

すごく明快なまとめですね。以上。

Q5　学習した漢字を使って文章が書けるようにするには？

質問の内容

　現在2年生の担任です。子どもたちに「ものを見る目」をつけさせたいと考え、日記指導を毎日しています。
　少しずつ自分なりの発見や感じたことなどを書けるようになってきたのですが、「漢字を考えながら書いているあいだに文章を忘れる」という実態のため、次のように指導を行ってきました。
① 　日記は、漢字については何もいわずにどんどん書かせる。教師は誤字脱字の訂正とコメントを入れる。
② 　漢字は毎日5問ずつのミニテストを行い定着を図る。
　ただ、漢字を文章中で使いこなす力の重要性を感じています。
　保護者からも同様の願いが出ます。日記指導と漢字指導を分けることについて考えを聞かせてください。

Ⅳ 「国語授業」がうまくいかない―改善ヒント

A 授業でやるのが基本

私は当然分けるべきだと思います。

漢字の指導は授業の中でやるのが基本です。

日記＝文を書くということならば、私は日記に書かれたことについて訂正をしたことはほとんどありません。漢字を訂正したりなんて、よほどのことがない限りやりません。

もしやるのならば、授業で取り上げ、教材として取り上げる場合です。

そういった場合はあるでしょう。

Q6 語彙の少ない子への指導はどうすればよいでしょう

質問の内容

6年男子。読めない漢字が多い。読めたとしても語彙が少ないので、意味を理解できず、内容をとらえることができない（特に歴史の教科書は1人で読めない）。

自分なりの解決策

教科書は一緒に読んであげる。わからない言葉は1つ1つ教えてあげる（ただし、ふりがなはふらせないようにしている）。

A 読めない漢字はふりがなをつけて

ええと、大内先生の語彙の少ない子、これは一緒につき合うほかないですよね。私はふりがなつけてやった方がいいと思いますね。いいじゃないですか、ひらがなだけ読んだって。私はひらがなだけ読んで、それを読もうとするっていう方が、結果として、読まないですましちゃうというより、はるかにいいと思います。

それはですね、教師も人間ですから、忘れてしまう、やらないということが生じてくるんですよ。

でも、ふりがなふってあるっていう行為は後に残りますから、自分自身がやろうとするんですよ。間を置かないで。

ですから、ふりがなをふってやるという教師の授業行為、そちらの方が長続きだし、安定はしてると私は思います。

3 "作文"指導のヒケツはどこでしょうか

Q1 思ったことを作文できない1年生への指導方法を教えてください

質問の内容

1年生の作文指導です。ひらがなの読みはできる（拾い読み）。時間はかかるが視写もできる。しかし、作文になると、ひらがなを数多くならべて意味不明のことを書く。「自分の書いたのを読んでごらん」と言っても読めないが、本人はマスがたくさんうまったことに満足。

このような「たくさん書きたい」という意欲を持ちながら、自分の思ったことを言葉として作文できない児童へ、どのような段階を踏んで指導すればよいでしょうか。

A 一気にできるわけがない

『うつしまるくん』をたくさんさせればいいですね。

自分で何か思ったり、言葉かけたりして、それが文章になるには、ものすごい、天と地ほどのステップがある。そのステップを捨てて、一気に飛び越えさせようとするなんて絶対無理な話です。お手本を見て、お手本をまねして、同じことを何回も書いて、そういった繰り返しの上で初めてできるようになるわけです。まして、言葉を使ったり、文をつくったりするというのは、6歳とか7歳では、手遅れぎみなんですよね。

最適時期は、4歳前後と言われています。それでもやるとするなら、お手本をまねして、それを写す。幸いなことにこの子は視写ならできる。視写も難しいことなんですよ。2歳とか3歳ではできませんよね。なぞるのはできます。「こちらからこちらへ写す」それ自体大変難しいんです。ですから、「ぼくは、きょうおきてかおをあらいました」など何でもいいから、先生が書いてやるとか、視写をさせるとか。短い1フレーズでいいんです。

長いのは、やらなくていい。そういったことを何回も書いてやってその結果として学んでいく。

Q2 作文を指導するときの基本は何でしょう

質問の内容

校内研で、作文指導を進めていくことになりました。早速、研究授業を引き受け『教室

IV 「国語授業」がうまくいかない―改善ヒント

ツーウェイNo.114』で特集されていた「絵でストーリーを作る作文指導」を追試しようと思いました。

講師の先生にこのことを相談したところ、「確かに楽しいが、内容は画一的になる。言葉もどうしても借り物になり、生活に根ざした生きた言葉が出てこない」と言われ、反対されてしまったのです。

私は「楽しいということがまず大切だし、この教材は場面の構成や会話文のつくり方などで、子どもたちに作文の力をつけることができる」と反論しました。ですが、作文指導の骨格がわからなくなってしまったのです。

「基本的な言語技術を習得させる」という観点だけでは足りないのでしょうか。

A 絵でストーリー作文はダメ？

これはどちらもそれぞれ言っていることは正しいのではないですか。指導主事さんが言ったことも正しいし、先生の言っていることも正しい。

ですから、学校の研究で「何を」「どこを」やるのか、ということの違いがあるんでしょうね。研究の中では、それならばということで、学校全体のことをおやりになればいいと思うんです。

ただ、「絵を見ながらストーリーをつけていく」ということは間違いなく力を育てますから、ご自分のクラスの中で実践すればいいでしょう。何も授業というのは人様に見ていただくためにするのではないですし、研究授業でほめていただくことでもありませんし、自分のクラスでご実践され、そして力がついてくれば、自然とそれは広まっていくと。言葉で勝つんじゃなくて、事実をつくればいいんだと。

いかなるときにも教育は事実です。事実に基づき、事実で実践を確かめる。このことをもとに発言されていけばいいんです。

Q3 日記を続けさせる指導ポイントは何でしょう

質問の内容

日記指導についておたずねします。

4月から「1年間日記を続けよう」ということになりました。3年生です。

初めての経験なので、「内容はともかく、続けること」に主眼をおいて指導してきました。具体的には次のようなことです。
① 宿題として課す。
② 教師が毎日読んだコメントを書く。
③ 日記の表紙をつくり、冊数によって色分けした。
④ 文づくりのうまい子の日記を紹介した。

⑤ 短文づくりの練習をした。
　しかし、文章を書くのが苦手な子どもたちにとっては苦痛なのがわかります。
　そこで、向山先生におたずねします。
　私は、短文づくりの練習を繰り返したり、一緒に日記を書く時間をつくろうと考えていますが、文章を書くのが苦手な子どもたちに、今後どんな指導が必要でしょうか。

A 学級通信でほめる手もある

　これでいいんじゃないですか。
　子どもたちに日記をどうしても続けさせたいなら、学級通信などでどの子も交替で『この子のここがすばらしいところだ。こういうことがよくわかりました』ということをほめ続ければ、書くようになりますよね。
　それが一番です。

Q4 効果的な赤ペンの入れ方のコツを教えてください

A ほめてあるところは読まれるのだ！

　何事にも仕事の仕方というのがございますね。
　今、夏休みですけども、夏休みが終わって子どもたちが作品を持ってきます。その作品を廊下などに展示して保護者会などが開かれる。たぶん、それを処理するのは9月の終わり頃でしょう。ほとんどの先生はそれにハンコをガチャンガチャンと押して、「良く見ました」と言って子どもに返す。で、苦労しながら10人に1人ぐらい赤ペンで何か書いて。
　100人に1人ぐらいの先生は、そのまんま忘れて、年度末にごみ箱へ捨ててしまうだとか。
　これ、9月の末になって何か書いてやろうというのはすごく大変なことなんですよ。忘れちゃったり何かしてて。「そんなときに、何でそんな仕事の仕方をするんですか」と私は言います。向山はこうやります。

●夏休み明けの赤ペン

　9月になって2日目か3日目、みんな夏休みの作品を書いて持ってきます。そこで、夏休みどうしたっていう発表会をするわけでしょう。作品を見せて、目の前で話させるわけです。1人1分か2分。で、旅行記を書いてきました。これをつくるのに苦労しましたとか。色画用紙。このぐらいのやつに、それを見ながら書いてやるわ

けですよ。使うのは、太めの赤マジック。間違ってもボールペンで書いては駄目です。真っ赤っかになるように、太いマジックで書いてやるわけですよ。

　目の前で言っていることを教師が書いてやる。それもほめればいいわけですから。『何とか何とかして、とてもよく書いている』とね。すぐ書けるじゃないですか。子どもが、ずーっと発表している間に終わるわけです。自動的にできてそれを一緒に張り出してやればいいわけです。

　すると、うちの先生はなんてよく見てくれているんだろう。こんなことまでわかっていると。当たり前です。子どもが発表している間に終わっちゃうんですから。こうすれば、同時に終わっちゃうわけです。

　どうして、そういう仕事の仕方をしないのかと私は思うんですね。それを1か月もたってからハンコだけペタンペタン押して返してやる。子どもなんか「なあんだ、何にも見てないや。押してあるだけだ」なんて思っているわけです。それに引換え向山先生はすばらしいと。こんな立派な評を書いてくれると。

　そんなとき例えば、中学年の校外学習なんかだと地域のおじいちゃんやおばあちゃんに何か聞いてくることがあるわけです。

　間違いなく、その場で礼状を書かなくちゃ駄目です。

　「○○さん、私は池雪小学校で4年生を担任している向山です。このたび児童の□□が、大変お世話になりました。おかげで、大変立派な作品ができました。ありがとうございました。今後ともよろしくお願いいたします。」

　たったこれだけでいいんです。ものの1分。それを持って子どもがお礼に行って「ありがとうございました」と言うわけですよ。おじいちゃん、おばあちゃんはどうするかっていうと、「池雪小学校には向山っていうすばらしい先生がいる。ちゃんと礼儀を知っている。ちゃんと礼状をくれた」これを10年言い続けますよ。実際私の体験です。

　10年言い続ける。どこへ行っても「向山先生はすばらしい。子どものことをよく見ている。ちゃんと礼状がくる」。何でそんな仕事の仕方を教師はやらないんでしょうね。

　たった1分です。礼状を書くというごくごくそれだけの話です。

　そういった、肝心かなめのことをやらないで、どうでもいいことを延々とやるわけですよ。

　どうでもいいですけど、くだらないことはたくさんありますね。朝の会だとか帰りの会だとか。何か、異様な雰囲気になりましたけど（笑）くだらないんですよ、帰りの会というのは。あれは短ければ短いほどいいんです。すぐ帰した方がいいんです。

5分間帰りの会をする教師より、1分間で帰りの会をする教師の方がすばらしいんです。子どもにとっていいんです。
　で、私の帰りの会は1分間くらいですと、どこかのシンポジウムで言ったら野口先生が「じゃぼくと向山君が一緒の学校だったら、ぼくのクラスの方が早い。ぼくのクラスは何にもやらない」
　伝達事項が必要だったら昼休みのときにやっとけばいいんです。給食の時間にちゃんと連絡しておけばいい。
　放課後は「さよなら」だけ。それを何とかちゃんがこう言いましただとか、嘘つきごっこみたいなことばっかりやってるからぐちゃぐちゃするわけです。
　それも熱心に30分も40分もやればやるほど、子どもの中に恨みつらみがたまるわけです。
　「先生、何でこんなに残すんだ！」ちっとも感謝なんかしませんよ。
　やればやるほど、子どもの中に恨みつらみが発酵されていくわけです。
　何であんなくだらないことやるんでしょうね。
　私のクラス、板倉先生と師尾先生と持っていた学年は学校中で一番早いです。3人とも何にもしないんで、子どもたちはパーッと出てきます。
　いつも子どもたちが校庭で遊んでいます。「いいなあ」「5年生はいいなあ」という声が子どもの間から聞こえてくるんです。
　ところで質問ですが、赤ペンの入れ方。

●波線を引くやり方は×

　よく作文でごにょごにょと波線を引いて○つけてこれいい作文なんてやる。私はああいうこと1回もやったことございません。
　時間のムダですね。何であんなくだらないことやるんですかね。
　で、赤ペンは私はプロなんですよ。
　進研ゼミ15年ぐらい前に、進研ゼミというのは赤ペン先生が基本ですから、赤ペンの研修をする、採用をする、その問題を私が出したんですね。
　進研ゼミの赤ペン先生というのは5千人も1万人もいますから。
　たくさんの中から採用した5千人、1万人の人たちを一流の赤ペン先生に育てていかなくてはならないわけです。

●赤ペンの入れ方講習会

　現在は啓林館が出している『ザ★作文』という教材の赤ペン先生を募集しています。で、その先生の研修会でやることをやってみましょう。
　作文の書き出しです。『今日は、待ちに待った運動会です』それだけ。1文。
　この作文に対して5通りの赤ペンを入れなさい。

Ⅳ 「国語授業」がうまくいかない―改善ヒント

書いてみてください。

その研修会では、だいたい15分ぐらいの時間を与えます。

今は2、3分ですから。5通り書いてみてください。

○○君の楽しみにしている気持ちがよくわかりますね。

書き出しに気持ちが書けていてすばらしいです。（など参加者が答えているが聞き取れない。）

3タイプ出てきます。

まず、1つはですね。『単なるあいづち』です。ああ、そうだったの。それからどうしたのってやつです。毒にも薬にもならない。それからなあにとか。

これは書いても書かなくても同じ。時間のムダ。点数つけると百点満点で0点です。

次に教えてるのがあります。

「書き出しを工夫してみましょう」「なんとかかんとかの文から書き出すといいですね」という教えてるタイプです。

これは、だいたいマイナス50点です。

これでは子どもは変わりません。

こんなことは一切書く必要はないです。ただただ、作文をほめるんです。だから、今読んだ人はみな優秀でしたね。その、ほめるのがウソではだめです。

例えば、『今日は待ちに待った運動会です』。

「とても上手な書き出しです」

ウソつけ、これは下手なんです。下手な作文なんだけども、下手なんだけどもその中でどこがいいのかちゃんとほめなければならない。

そうすると「運動会を待っている様子がとてもよくわかる表現ですね」などと書ける。

これはウソじゃないですね。

「待ちに待っていた」そのことがよく伝わりますよ。

とにかく、5つ書かせたら、5つ全部ほめてなくちゃ駄目です。

ですから、1つの文に対して5通りのほめ方ができないようでは、教師失格だと思います。

「字がとてもきれいで、ていねいですね」

そういうほめ方だってあります。

●ほめてあるところは読まれるのだ！

ほめてれば、子どもは読みます。ほめてるとこだけを読むんです。

赤ペンというのはそのために入れるんです。

それで、今日の回答の中でも呼びかけていました。
「○○ちゃん……」これは絶対に入れるべきです。固有名詞で呼ばせるんです。
「芳子ちゃん。運動会を待ってたという様子が、とても伝わってくる文ですよ」
「文字の書き方も正確でした」
　このように書かれた赤ペンなら、子どもはずうっと大事にします。うちに持って帰って「おかあさん、どう？　先生こう書いてくれた」。
　ただ、ただほめる。その子のよさを見つける。赤ペンの目的はそれに尽きます。
　それで、その塾向け教材の『ザ★作文』の経緯ですが、ものすごい数が出ています。受講者がです。
　その中にはちっちゃな字の子がいるわけです。学校で何にも教えられない。かけ算もできない。いろんな勉強ができない。そして塾に来て、『ザ★作文』という教材に出会う。今言ったことを行うわけです。
　ほんの一言しか書かなくても、学校ではほめられないけども、赤ペン先生はほめてくれて、「なんとかちゃん」て呼びかけてくれるんです。
　そしたら、その中で「勉強はとてもおもしろい」「ぼくは作文が得意なんだ」、そういった便りがたくさんくるわけです（ですから、質問にあった「効果的な赤ペンの入れ方」なんて、存在しないということです）。
　教えるのは授業で教えるんです。赤ペンの性質じゃない。
　赤ペンでやるのは「ほめること」です。「良さを見つけること」です。
　そして、さっきちょっと言いましたけれども、「太い赤ペンを使え」。ボールペンでごじょごじょっと書くよりも、赤い太ペンでやった方がたくさん書いたように見えるんです。雰囲気ですけども。
　ボールペンで1行書くんだったら、太ペンなら3行ぐらいになるんです。だーっとでいいんです。
　とにかく、先生がぎっしり書いてくれたと。長い時間がかかりますからそれは姑息な手段ですけれども、どの子どもたちにも「先生はぎっしり書いているな」と思ってもらえるのです。
　ですから、赤ペンの極意は今言ったことですね。

★　ほんとうの良さを、その中でほめられるに値するものを、ただしウソじゃないことをよびかけるようにして、そのことをほめること。

★　それを何通りか、1つを分解して5通りくらいできる。それをできる眼を持つこと。

Q5 会話文や改行についてはどうすればよいでしょう

質問の内容

作文の指導法についての質問です。

現在、2年生を担任しています。題名・氏名・会話文の書き方、改行を2年生のうちに身につけられるとよいと考えています。

視写やワークを繰り返し、題名・氏名の書き方は全員ができるようになりました。

しかし、会話文の書き方・改行は視写のときにはできても、自分で作文を書くときには正確にできる子は2割程度しかいません。おそらく会話文や段落としてのまとまりを明確に意識、理解していないためだと思います。

向山先生はこれらのことをどのように指導されていますか。会話文や改行するときの書き方がすっきりわかるようなよい説明の仕方はありますか。

A 手を通して学ぶほうがベター

私は会話文や段落としてのまとまりを明確に意識していないですね、自分自身が。ですから、原稿稼ぎのようなスカスカの1行ずつの文章を書くのですね（笑）。

作文というのはすごく難しいのです。まず、難しいものだと思わなくてはいけません。

以前、750人ぐらいが参加した幼稚園の先生方との研究大会の中で、「書く」という活動と「演奏する」という活動における子どもの体の動かし方について発表がありました。

京都大学の霊長類研究所所長さんの話の後、水野先生と雑談になったのです。

幼稚園の音楽で木琴をよくやりますが、あれで使う手の筋肉はほんの少しの運動です。ところが書くという運動は様々なことが必要なのです。人間だけが指が270度も回り、しかも人差し指と親指があわせられます。これを対向性といいますが、このことが持っている諸条件は人間だけが持っている特徴で、しかもそれを十分にできなければ書くという作業はできないのです。楽器なんかをひくのと比較にならないくらいです。

千葉大学の宇佐美寛先生は、大学の4年生の授業の中で、400字詰め原稿用紙1枚をちゃんと書けるためのご指導を赤ペンを入れてされています。400字1枚書ければ国立大学の学生として立派だと言われるぐらいの内容です。

ですから、作文用紙に書いたり、作文の段落をやったりということは極めて難しいのです。その難しいところから指導が始まるということを意識しなくてはなりません。

その難しいことを教えていくときの原理は何かということ、まずお手本がなくてはだめだということでしょう。お手本が出発点です。
　では作文指導のお手本という指導をやった経験がみなさんにあるでしょうか。お手本を与えないで、勝手に書かせて終わりではありませんか。
　先生方が子どもたちに視写をさせるときに、「教科書を見ながら400字詰め作文用紙に視写をしなさい」と言うときと、先生自身が400字詰め作文用紙に書いてあげて「これを見ながら視写をしなさい」と言ったときと比べてほしいのです。
　子どもの熱中の仕方が全然違います。先生がちゃんと作文用紙に書いてくれれば子どもたちは本当に熱中してやるのです。たったそれだけの差で違うのです。
　でも残念ながらそのような教材がありませんでした。それでつくられたのが、光村図書と一緒につくった『うつしまるくん』です。
　明治図書の江部さんに「これはホームラン商品になる」と言っていただきました。会社が違うのにです。江部さんというのは『国語教育』誌の編集長を25年か30年されている方です。明治図書の『国語教育』というのは最高部数を誇る国語雑誌です。その編集長をやってきた本人が、「戦後生まれた最高のヒット教材になるだろう。これを明治図書でやりたかった」と言うのです。
　『うつしまるくん』は初めて登場したお手本型の視写教材・作文教材です。
　もちろんこれだけでは足りないかもしれませんが、ぜひともこういったものを使っていただいて、やはり難しいからお手本教材から始まって指導はながくかかっていくのだと、そういったことを1つずつやっていくほかないのだと思います。
　段落とか鉤括弧などでも実際にそれを作文用紙に写させてみせて、そういった中で学ぶ。つまり頭の中で学ぶのではなくて、手を通して学ぶというような教育の場面が必要なのだと思います。
　※『うつしまるくん』は飛ぶように普及しました。朝自習などにも活用できるようです。子どもたちがシーンとなって取り組むようすが次々と送られてきます。

4　"分析批評"指導のヒケツはどこでしょうか

Q1　「作者」と「話者」の違いをどう指導すればよいでしょう

質問の内容

　分析批評による国語の授業をやってみたいです。
　「作者」と「話者」の違いを子どもたちにわかるように（例えば5年生に）指導するに

IV 「国語授業」がうまくいかない―改善ヒント

はどうすればよいでしょうか。
「春」安西冬衛の短文を例に教えてください。

A 「なりすまし」を教える最適教材は？

「春」を例に、この両者が違うというのを教えるのは、教えにくいです。一番わかりやすいのは、例えば「吾が輩は猫である」でしょうか。この本は、ねこが書いたんですから。

それは違いますね。「吾が輩は猫である」と書いてある。これは語り手です。話者というふうに表現しますけど。書いたのは夏目漱石です。したがって、作者というのと話者というのとは違います。

ですから「吾が輩は猫である」というのはわかりやすいでしょう。

それから大森先生が開発した中で「ざりがに」を題材にした「から」という詩があります。「ぼくはざりがにを取りに行った。」という詩です。子どもふうの詩です。それで、これが男か女かと聞くと、みんな「女の子」と。大人か子どもかと聞くと、みんな「子ども」なんて言いますが。実はこれは、宮入黎子という女性の大人の詩です。

ですから、「作者」と「話者」。この中で言うと「ぼくは取りに行った」というのは違う。この作者が、「ぼく」というのになりすまして書いているのです。なりすましているんだという部分を教えるには別の物がいいです。

Q2 評論文を指導するときのポイントは何でしょう

質問の内容

小学校へ戻ったら、ぜひ「分析批評による評論文」の実践に取り組みたいと考えています。評論文を指導するときのポイントを教えてください。

A 「すごいな、こういうものもあるのか」に触れさせる

いい授業をすることですね。
授業をして、それであったことや感想を書きなさい。それに尽きますね。
それを最初から、大作をねらわないで、最初は、短い文の文章で。
「へ〜、すごいな、こういうのもあるのか」
子どもはですね、こういう知的感動に触れると、一生懸命書きます。一生懸命書いたら、「すごいな、すごいな、すごいな」とほめないといけないんです。

いきなり長いのはだめですよ。

ですから、「やまなし」みたいに長いやつでも、一気に全部というんじゃなくて、授業の時々で、「ここからここまでをノートに書いてごらんなさい」「感想文を書きなさい」。

そういうのを、つなげるようになりますね。

Q3 討論では、少数意見と多数意見のどちらから発表させればよいでしょう

質問の内容

少数意見から（石黒方式）と多数意見から（向山方式）では、どちらがなぜよいのでしょう。

私は、逆転現象の起こりやすい向山式がよいと考えます。

A 「少数意見」からか、「多数意見」からか？

どちらでもいいんじゃないですか。意見の中身の違いですよ。

例えばね、大勢がAに賛成したときに、Aの意見が実は間違っていたとする、本当は少数意見が正しかったとすると、それは断固として多数意見からいきますよね。「ワー」と手を挙げて、「言ってごらんなさい」と全部言わせていって、替わって2、3人がぽろぽろって形で。その場合は間違いなく多数意見からやります。

それがですね、多数意見が本当は正しくて、少数意見が間違っていたと、この場合はちょっとわからないです、どちらか。これは、事情によるんじゃないでしょうか。

Q4 「色の象徴」の指導の仕方を教えてください

質問の内容

6年生の『海の命』で「クエの光る緑色の目」の「緑色が何を象徴するか」を以下のように指導しました。
① 象徴の意味を「言葉の奥に込められた意味合い」と説明。
② 「○ページにクエの目の命として緑色が使われています。緑色が出てくる前と後のエピソードをまとめなさい」と指示。
③ 「この物語の中で、緑色は何を象徴しているか書きなさい」と指示。
④ 書いたことを出し合わせて、話し合わせる。

⑤　最後に緑色の象徴するものについてまとめさせる。
　　以上のような、流れで指導しましたが、①の象徴の意味が理解しにくいようでした。また、③の部分も難しかったようです。

A　それは言い切れないのでは……

　色が象徴するなんていうのは、何を象徴するかというのは、極めて難しいですよね。「黒」はわかりやすいですよ。「白」もわかりやすいですよね。
　たぶん私の授業では「色の両端を出しなさい」。例えば、「黒」と「白」と子どもたちは『やまなし』で言いますよね。最初ですよ。で、「黒」はいくつで、「白」がいくつあってと。
　その後に、「金」、『やまなし』というのはたぶん「金」の世界ではないか、極楽浄土ではないかという子どもたちが出てきますよね。
　この中間系は何なのか、真ん中に位置するものは。
　これね、いかなる作品にも出てくるんです。
　両端をやって真ん中をやると出てくる。
　若干似たような感じでは、トルストイの作品で『とびこめ』あるいは『とびこみ』がありますね。マストの帆の上に乗ってしまった子どもがいるんですね。「バーン」とやって大海原にとびこむ。
　あれは3年生の子どもたちに「主題は何か」というときに、「人生というのは大海原にとびこむようなものだ」というようなことになるし、あるいは「人生というのは、旅の途中に大海の中にとびこむような事件があるものだ」いうのもあるし、もう1つは「人生というのは、水と空があるものだ」いうのもあるし。もう1つは「人生というのは水と空、真っ青ですから「青」の世界である」。
　厳密に言うとどうかと言うと、そんなのは言い切れないです。でも、子どもが言ったのならいいじゃないですか。そのぐらいに思っていた方がいいですよ。

Q5　討論後の評価はどのような観点からするのでしょう

質問の内容
　討論の内容と討論のすすめ方についての評価だと思うのですが。

A　調べて新しい視点を出した子を評価

　新しい視点を出した子ですね。その新しい視点を出すというのは、子どもたちが

本を調べてきたり、辞書を引いてきたりする場合がいいことが多いですね。だから、単なる思いつきはそんなにほめないですね。

単なる思いつきを「とってもすばらしいね」と私が言う場合があるのは、クラスの中で一番勉強ができない子が言った場合です。

5 "要約指導"のヒケツはどこでしょうか

Q1 問題提起の段落の要約も体言止めでしょうか

A 「か」で終わることもあり……が正解

要約をするには、体言止めが原則だと思います。例えば「ももたろう」のお話などを要約させる場合に、そもそも要約とは、100人書いたら、100人ともほぼ同じ答えでなくちゃいけないのですね、句読点にいたるまで。

クラスの子どもたちに要約を教えるとは、クラスの子どもたちの大半が同じ言葉で書くということでなければ要約指導をしたことにならないのです。ということを私は、「ももたろう」のお話でやったのです。知らない人もいるので、やってみましょうか。

●要約指導

> おじいさんとおばあさんが山に芝かりに行きました。ももが川に流れてきました。
> ももたろうが生まれて、大きくなって、鬼退治に行きましたというお話なんです。
> それを20字以内で要約してくださいますか。

20字ぐらいであろうと思います。場合によっては、30字になることもあります。先生どうですか。
「犬、猿、雉と一緒に鬼退治をしたももたろう。」
「家来をつれて、鬼退治をしたももたろう。」
「お供をつれて鬼退治をしたももたろう。」
15字ぐらいですね。20字いってないですね。
「犬猿雉を連れて、鬼退治にいったももたろう。」

IV 「国語授業」がうまくいかない―改善ヒント

これぐらいの感じでしょうか。
「犬猿雉をお供に鬼退治に行ったももたろう。」
20字。教室でやる場合は、ほとんど同じになります。
それ以外の答えは全然だめだということです。要するに、要約ということは、それほど同じになるということですね。
今のをついでに言えば、

> このお話の中で、最も重要なキーワードは、何ですか。

それは、当然「ももたろう」ですね。最も重要なキーワード「ももたろう」が文の一番最後につく。

> それ以外に重要なキーワードは何ですか。

「犬、猿、雉」あるいは、「鬼退治」。
さきほどの質問ですが、ここでの質問は、「問題提起の段落で」と言っています。
先生、「問題提起文の特徴は何ですか」。
突然、ふられてごめんなさいね。
「〜だろうか。」「か」で終わっているのですね。
ウェゲナーの文章なんか5か所ぐらいあって、1か所違うのですけれども、「か」で終わる文章ですね。「〜か」で終わる部分ですね。一番最後に答えを言っています。
この質問者は、「〜だろうか。」といういわゆる問題提起の文章あるいは、段落をその要約を通常、体言止めでやるのか。「〜か」で終わるのではないかということですか。
これはどちらもあると思います。答えはどちらもあるです。

Q2 疑問文での向山式要約は体言止めでよいでしょうか

質問の内容

向山式要約指導法を説明文で使わせていただいています。説明文の中に疑問を投げかけている段落があるとき、こういう段落も、キーワードで体言止めするのでしょうか。それとも別の方法があるのでしょうか。

A 体言止めできない疑問文も……

　こういう質問の仕方ではなくて、実際に説明文教材を示して、ここの文章を使って次のような要約指導をしたというふうに具体的にやってほしいと思います。
　やってみたら、体言止めにならない、疑問がついた形にならざるを得ないというふうにやってほしいのです。
　疑問文の要約の仕方には、両方あるような感じがします。ですから、一概に体言止めがよいとも言えない気がします。今までにもこういう質問はたくさん出ています。これは今後の大きなテーマではないかと思います。
　私の今の段階では、「体言止めできる疑問文もあるし、できないのもある」、そのように考えています。

Q3　要約指導への批判と3年生への要約指導について教えてください

質問の内容

　国語の教材「幸島のサル」を要約させた例を取り上げて、3年生に要約させていることを批判している本を読みました。3年生の要約は指導要領にないということなのです。
　しかしこれは、高学年で向山先生が3年生の文を使って指導したものだと思いますが、いかがでしょうか。
　また、3年生にも向山先生なら同じように要約させますか。

A 「指導要領にないから」というのはナンセンス

　何年生の例だか忘れました。
　批判は指導要領に対する解釈がおかしいのではないですか。
　指導要領というのはそこに書いてあることまでは教えなくてはいけないということであって、それ以上のことをやってはいけないという本ではありません。やっていいのです。
　ですから、指導要領に書いてないからやるべきではないというのはまったくナンセンスですね。
　ただ、私が他のことを何もやらないでこれだけをやっているということなら、それは問題でしょう。
　要約する力をつけるということを3年生でやるべきかどうかはわからないです。わからないという意味は、そのときの3年生のいろいろな事情によりますし、私の

教育をしてきた中身にもよりますから、「あ、これはできるな。必要だな」と思えばやるかもしれません。

勘ですが、やるような感じがしますね。3年生はしばらく担任していませんからよくわかりません。

「幸島のサル」を要約させた例というのは私を批判しているのでしょうか。知らないところで批判されていて光栄です。

Q4 起承転結の分け方の基本について教えてください

質問の内容

国語科物語文の起承転結の分け方についてお聞きします。

向山先生の実践に物語文を起承転結に分けさせてそれぞれの部分を要約させるものがあります。

私も、それを何回か追試しました。

しかし、いつも、次のような不安が心の中をよぎっていました。

「私の、『起承転結』の分け方は正しいのだろうか」

特に、起から承にかわる部分に自信がもてないのです。

そこで、お聞きします。

① 向山先生は起承転結をどのような観点で分けられるのでしょうか。
② また、起承転結の分け方を児童に、どのように指導するのでしょうか。

A 100回読んで考えたことなら

私の本を読んでください。これは質問にならないですよね。

「起承転結」とは、話が起こり、それが展開される。

「転」はわかりますよね。今までの話が全然逆転するということです。例えば、山登りをしたときに、山登りではなくなるという形が出てきますから、「転」は大変はっきりしています。「結」もはっきり1つのまとまりです。一番最後に出てきます。

「起」と「承」の間が難しいでしょうね。これは多少いいかげんでもいいと思うのです。自分が一所懸命読んで、この先生が100回も読んで考えたことならば、いいんじゃないですか。先生が100回ほどお読みになって、やはりそうだと決めたことなら、それでよろしいということですね。

6 "その他モロモロ"指導のヒケツはどこでしょうか

Q1 当たり前の言葉を当たり前に置き換えない授業とは

質問の内容

　低学年の国語の授業について質問します。
　向山先生は、当たり前の言葉を当たり前に置き換える授業をしたことが11年間で3度とはない、と『国語の授業が楽しくなる』で述べられています。
　私も、先生のお考えに大賛成です。できるだけそのような授業に心掛けてきました。
　しかし、2年生を持ち、どうしてもそのような授業をしなくてはならない場面を多く経験しました。2、3時間ほどかけて音読ができるようになった子でも、主語や指示語など読めばわかることがわからないのです。
　どのようにしたら、低学年1、2年生にも、当たり前の言葉を当たり前に置き換える授業をしなくてすむのか教えてください。

A 「主語、指示語」は教えるべきだ！

　当たり前の言葉を当たり前に置き換える授業というのは、国語の教科書を読んでいながら、「この言葉の意味は何ですか？」というふうに言っている授業を意味しています。
　これは国語の授業の中で主流をなしているので大事なのかもしれませんが、私はやったことがないということです。
　ここに書いているような、主語だとか指示語だとかいうのは「当たり前の言葉」ではなくて、これは極めて重要な言葉なんです。
　主語なんていうのは、何歳になってもやっていく必要があるほどの重要な問題ですね。大学の4年生にレポートを課しまして、その答案用紙を見ていて、主語と述語がちゃんとできているという作文、レポートなんていうのは、10人に1人ぐらいですね。たぶん、この会場にお集まりの先生方の文章を読んでも、主語と述語がちゃんとしているというのはそんなに多くないと思います。
　もっと言いますと、管理職、教頭先生だとか指導主事だとかの試験がありますけれども、そういった管理職採用の試験、その中でも主語と述語がきちんと対応しているのは少ないと思います。ですから、当たり前ではなくて大変重要なことです。
　次に例えば、ちょっと脱線しますけれども、課題に対応した作文っていうんでしょうかね。私は、次のことを大学4年生に出したことがあります。
　「教育とは何かについて、自分の体験をもとにしながら論じなさい。」というテス

ト問題です。

教育とは何か、自分の体験をもとに論じなさい。大事なことなんですこれ。

要するにこの問題が解ければ、その人たちというのがどのような論文テストでも解けるんです。大丈夫です。

これはもう原形です。

それでね、出てきた答案のほとんど、8割以上、それは自分の体験だけを書いたんですね。これは体験を書きなさいということではないんです。教育とは何か、自分の体験を通して、あるいは体験をもとに、教育とは何かということをきいているんです。

それを、体験しか書いてない。

1割ぐらいの人はですね、教育とは何かという部分についてしか書いてないんですね。

教育とはこれこれこういうことである。それについて、私は以下のような体験がある。あるいは、逆に、自分は次のような体験をした。このことを通して教育とはこのようにこう思う。これが「体験を通して教育とは何かを答える」ことですね。

主語、指示語というのは大変重要なことですから、教えなくちゃいけませんよね。「ここは、誰が、何をしたんですか」というようなことを、1年生や2年生で当然やってかなくちゃいけません。「　」（かぎかっこ）がありますが、誰が言った言葉なのですか。

そういったことをきちんとやっていくこと、これは、決して当たり前の言葉を当たり前に置き換える授業ではないと思っています。

Q2　国語の進め方の基本を教えてください

質問の内容

国語の授業の進め方がわかりません。

法則化の本を読んで勉強中なのですが、その単元の目標を見ても、その単元の授業をどのように組み立てていってよいのかよくわかりません。

指導書のとおりにやってみたり、法則化の実践を追試してみたりもしていますが、追試でうまくいったりしても、なぜその人がそういう授業を組み立てたのかつかみきれないので、自分で授業の流れを考えても先が見えなくなってしまいます。

特に国語・社会が苦しいのです。

教材研究不足をさらすようで恥ずかしいのですが、よろしくご指導ください。

A　まずは「見開き2ページ100問」を！

　国語の授業の進め方がわかるために一番よいのは、教科書をどのページでもいいから開いて、見開き2ページで100問の問題をつくることです。これをおすすめします。

　見開き2ページで100問の問題です。この100問、なかなかつくれません。30問くらいで問題が尽きてしまいます。

　漢字の問題を入れてもけっこうです。何を入れてもけっこうです。見開き2ページで100問つくるのです。

　つらい70問目80問目、そういったところをつくっていくとき、見えないものが見えてきます。そうならざるを得ないのです。あれども見えずの状態です。

　そういった、問題をつくっていく苦しさと言いましょうか、その中からよい発問が生まれたり、学習の方法が生まれたりするわけです。

　見開き2ページで100問、これは社会科も同じ、理科も同じです。

　ぜひともそれをノートに書き出してやってみることをおすすめします。

　ごく普通には、次のようになります。

(1)　教科書を読む（できるだけ多くの子に読ませる工夫をして）（10分くらい）
(2)　漢字の練習（10分くらい）
(3)　読解（主たる発問をいくつか）
　　①発問
　　②ノートに書かせる
　　③話し合い

Q3　詩を暗唱させるよい方法を教えてください

質問の内容

　詩を暗唱させます。黒板に詩を書き、音読をします。そして、黒板の文字を少しずつ消していきます。楽しく暗唱させる一助として、この方法をよく使います。

　しかし、いつもこれだと飽きてきます。

　他にどんないい方法がありますか。

A　「覚えなさい」と言えばいい！

だから、そんなのやんなきゃいいんですよね。

IV 「国語授業」がうまくいかない―改善ヒント

いつも使おうだなんて……。

私なんか1回か2回しかやんないですよ。こういうのもある。

一番多いのは、普通にこう書いていて、「覚えなさい」と言うだけですね。

子どもたちは覚えますから、それはチェックしてやんないとですね。

例えば、できたら先生のところで言って、できたら帰っていいよ、とかなんとかと言う場合がございますね。

ですから、このような感じでやるのは最初のときだけですよ。あとは与えっぱなしにして、「家で覚えてらっしゃい」という場合があるでしょう、本当の話が。

ですから、飽きてきて当たり前ですよ。私だって飽きてます。

飽きる顔で帰っちゃう、そんなにやらなければいい。

Q4 読解力がつかない子への指導のコツを教えてください

質問の内容

4年生を担任しています。読解力をつけるには、本に数多く触れることが大切だと考え、毎日の音読に加えて、土、日曜日は、本を1冊読むことを宿題にしています。

他にも、読み聞かせは、できるだけしようと思い、取り組んでいますが、なかなか読解力がつかない子がいます。

どうすればよいでしょうか。よい方法を教えてください。

A 脳のネットワークづくりが大事になる……

賢くなるということは、頭の中にネットワークができるということです。

頭の中には170億の脳細胞があります。勉強ができたり、何かができるようになることは、刺激を受けて頭の中にネットワークができるということなのです。

翌日になると忘れます。毎日、同じようなことを繰り返すとネットワークができます。これが、賢くなるという一番簡単な原理です。

賢い子は、ネットワークがたくさんあります。ネットワークをつくるためには、優れた教材を繰り返すことが必要です。

「お手本を繰り返すこと」「このとき、心地よい状態であること」の2つは、絶対に必要なのです。

それは、不思議なもので、ネットワークをつくるときに、気分が悪い、やりたくないという状態でやると、拒否反応を示します。幼児であればあるほど、嫌な状態のときは、絶対にやらせてはいけません。そのかわり、やりたいと思ったときには、

バンとやるとものすごい効果があります。

　これは、極めて重要な文化です。言葉を覚えるということも、子どものときから吸収されていなければ、無理なことです。それは、赤ちゃんのときからの言葉かけと、寝るときに本を読んでやることの、主としてこの2つから、だんだんつくられてくるのです。

　長い間かかって小4までくるのです。10年間の蓄積があります。10年間の蓄積がない子は、文字を1つ1つひろい読みをする、文字がつながらない、言葉が意味として出てこないのです。

　取り戻すには、10年かかります。手遅れです。これほど、幼児の教育は、重要なのです。

　わが子に言葉をかけてやること、寝る前に本を読んでやることの2つをしなかったのですから、この子には脳にネットワークがないのです。この子にはないので、本を読んで聞かせることを繰り返すしかありません。

　教師ができなかったら、カセットのある教材がいいかもしれません。今からでも保護者に「本を読んで聞かせてください」と協力するよう言うしかありません。

Q5　文章題や教材文の読解力をつける方法を教えてください

質問の内容

　算数・国語の問題文を読み取る力がなかなか向上しないので、どうしたらよいか苦労しています。

　そのために立式が間違ったり、とんでもない答えが出てきたりしています。

自分なりの解決策

・漢字力をつけさせる　・本を読む機会を増やす
・問題づくりをさせる　・論理的な文章の問題を解く機会を増やす
・音読をさせる

A　「これは何のお話？」って聞かなくちゃ

ここにあるようなこと、全部やるんですよね。
本を読むのを増やすようなことはやりますけど。
ところで先生、読解力ある方ですか。（あまりない方だと思います。）
字は汚いけど、正確ですよね。
算数の文章題を出して、先生はまず何を聞きます？（何を答えたらいいのか。）

「これは何のお話ですか」っていうのが必要なんですよね。
「何の場面なんだろう」
　例えば、色紙がたくさんあってそれを合わせようとしているのか、お菓子がたくさんあってそれを食べるようにしているのか。
　そういったこと、そこに描かれている様子が頭の中に入ってこないと問題はできないんですよ。
　教師はそのことを簡単だと思っているかもしれませんが、それが全然描けないんですよ。
　ですから一番最初に聞くのは、「これ、何のお話？」。
　それが文章題指導のほぼ半分です。
　ダメなのは何かって言うと、「ここにお菓子いくつある？」「7つ」「今いくつあるの？」「5つ」「どれやったらいいの？」「ひき算」「じゃあ、やってごらんなさい」……これは文章題と言いません。計算問題です。
　国語の方の読解力をつけるというのは、私は1字読解とでも言いましょうかね。よくこういうふうにやるんですよ。
「ノートに箇条書きに、1、2、3、4、5、6、7、8……と全部つけてごらんなさい」って。
「残雪が今年もやってきました」
「残雪、これなんのことですか」
「ガンの頭領の名前」って答え出てきますね。
　ごく簡単な問題を短い時間でずっとやっていくんですね。1字読解。
　そんなふうに1字読解をしていって、読解力をつけていく。
　けっこうおもしろいですよ。おやりになってみたらどうですか。

Q6　絵画的発問は有効でしょうか

質問の内容

　東京書籍の「ぼくの家だけ明かりがともらない」という詩なんですが、この詩は絵画的発問が有効と考えます。
　これでよろしいのでしょうか。

A　教師が読み取った以上のことは育たない……

絵画的発問とはわかりませんから、質問に答えられません。もうちょっと言って

くれませんか。
　「この詩を絵に表しなさい」
　ちょっと聞いてやってみましょう。先生読んでください。
　先生、この中で自分が気になる言葉を5つ選んでください。
　「ぼくの家だけ」「かけおりた」「残したまま」「具合でも」、以上ですか。
　必死になって読むでしょ、向山に答えないといけないから。教材研究とはそういったところから始まるんですよ。教材研究もしてなくて、子どもに絵を描かせるなんてそんな不躾なことやっちゃいけないんですよ。
　それが仮に5つあったとして、その中で最も大事なポイントはどこだと思います。先生方この中でどうおかきになります。何をこそ、この中で子どもたちに向かわせるのか。
　先生聞きますけどね。これ、第1連と第3連と同じときですか、それとも違うときですか。
　「ほぼ同じだと思いますが、時間的に」
　ちゃんと正確に言いなさいよ。
　丘の畑を見ていると、どこの家にも電気がついた。そこまでです。次の3連は、丘の畑からながめていると、黄色い月見草の花が咲くように、谷間の村のあちこちにぽっぽっぽと電気がついた。
　それは同じときのことなのですか、違うときのことなのですか。
　極めてこの教材にとり重要なことでしょ。先生はこんな重要なことでさえ考えていないわけでしょ。授業で大事なのはそういうことをやることなのです。
　教師がまず教材と格闘し、その中を読み取ることなのです。教師が読み取った以上のことを子どもに育てることは不可能です。
　ありとあらゆる指導者がそうです。で、自分でそれを指導できなかったら、最もいい方法を他の指導者に聞く。もっと上のいい人に任せることですね。
　バレーであろうと、相撲であろうと、野球であろうと、学問であろうと何であろうと全部同じです。教える、授業するということはそうです。ですから、教師は必死になって教材と格闘し、その中で何をこそ読ませればいいか、どこがそうなのか、というふうにやっていきますね。

V 「社会科授業」
がうまくいかない―改善ヒント

Q1 授業と市販テストのギャップを埋めるには？（歴史）

質問の内容

　　指導要領では、小学校の歴史の授業は、歴史的事項を網羅的に取り上げるのではなく精選された人物や文化遺産を通じて行うことになっています。
　　向山先生も実践記録集を見ますと、そうした実践をされています。
　　しかし、評価に市販ワークテストを使う場合、問題が細かすぎるため、確かに教科書にのってはいますが、授業ではふれることができない問題が多く見られます。
　　自作テストをつくればよいのでしょうが、クラスによって取り上げる内容が違う場合もあるため、どのクラスも使える共通のテストをつくることも難しい気がします。
　　こうした場合、どうすればよいでしょうか。

A 「用語集」を活用してはいかが？

　よくわかります。
　いい授業をして、でも普通の市販テストを使わざるを得ない。浮き世のしがらみがあって、隣のクラスもやって、その隣のクラスもやる。うちだけやらないわけにはいかない。
　やった以上、30点、40点じゃ話にならない。
　そのためにつくられたのが、『社会科用語まとめくん』です。ずらっと並べられた中にあったと思いますけども、明治図書から出されている。
　それは、問題があって、右側に答えがあります。これを印刷して、子どもたちに配ります。
　最初の段階では、その用語を写すだけでいいです。それは、全体として、学習のまとめになります。写して見ながらやって行くわけですね。答え書いてありますから。
　次のときには、答えが書いてあるところを全部折らしてみたりとか、切り取ってみたりとか、「じゃあこれをやってごらんなさい」。
　このような先生がいるために、私どもが必死になってつくった『社会科用語まとめくん』です。
　これは、あっという間に広まりましたけれども、そのすばらしさを信じない方は、

全然使ってません。

師尾先生が担当されて、おつくりになったものです。とってもすばらしい内容です。『社会科用語まとめくん』です。ぜひともごらんになってください。

Q2 「戦争」の授業をどうやればよいでしょう

質問の内容

6年生を担任して、第2次世界大戦を教えるとき、被爆国としての悲惨な姿、南京大虐殺など加害者としての日本の姿だけを伝えてきました。向山先生は戦争の授業をどのようになさっていましたか。日本の戦争責任について、どうお考えですか。

A 「情」に流される授業ではネ

かつての歴史教育を見てみると、あまりにも情に流されすぎている。「真珠湾攻撃（実は宣戦布告の打電をしていた）」1つをとってみても、具体的な事実を知らないでいる。スローガンだけの授業では、子どもの力にならない。「重要なポイントは何か」「どの段階だったら戦争を止めることが可能だったか」を教師がしっかりと考え、おさえるべきです。

Q3 「戦争の授業」を構想するカギはどこでしょう

質問の内容

社会科「戦争の授業」についての質問です。

『社会科教育』で向山先生は、「なぜ日本がこうした戦争を始めたのか」「どんな場面でどのような人間なら止めることができたか」を問う授業を行うべきであると書いておられます。また、『トークライン』では、ロンドン会議後に政府と軍部の2つの権力ができたことを授業すべきであると書いておられます。

私は昨年度中学2年の生徒とこうした文章をヒントに授業をやり、それぞれの生徒が自分の考えをつくりました。この授業についてのさらにくわしい構想（授業をやるにあたってのヒント）、先の課題についての向山先生自身のお考えをお聞かせください。

A まずは正確な事実を認識しよう

この戦争の問題。こういうシビアな問題では極めて重要なことですが、正確に事実を知るということから始まります。

Ⅴ 「社会科授業」がうまくいかない―改善ヒント　　77

　したがってまず、先生方に問います。俗に15年戦争と言います。15年間ありました。1年間1年間、極めて重要な問題があります。それを15年分並べてください。ちょっとやってみてください。15年分です。時系列です。いくつずつ並べられるのか。

　こういうふうに出題されると、自分の知識がいかにあやふやで、ないかわかるでしょ。時系列で15です。毎年1こずつ、並べられなかったら家に帰ってちゃんと調べてください。

　そして次の問題です。

　その中から3つを選んで授業とするならば、どの事件を選ぶのか。それはなぜなのか。なぜ、その事件を選ぶのか。これもちゃんと出せなければいけません。

　これは、1つ1つに対する正確な事実を認識することなしにできません。

●真珠湾攻撃の教え方

　例えば、私たちが、欧米人、アメリカ人と話しているときに、心の奥底では、外国人は、日本人は卑怯者だという印象があります。日本人は卑怯だ。

　その卑怯だということがつくられたのが、真珠湾攻撃です。パールハーバーです。「宣戦布告もしないで日本は戦争に突入した」と。「日本は何て卑怯な国民なんだ」と言われております。

　でも、その真珠湾攻撃の前の日、日本国政府は、アメリカの大使館、日本大使館に向かって至急緊急の電報を打っております。それは、「これから重要な電文を送るから大使館員は全部待機するように」という予告電を送っているのです。何回か打っているんです、予告電を。そのときに現地アメリカにいた日本人は何をしたかというと、誰かがどっかに転勤するからと言って宴会に出かけてしまいました。大使館は空っぽです。その大使館が空っぽの中に、アメリカ政府に対する宣戦布告が入ってきました。夜中中その間誰も見ておりません、宴会をしているのですから。そして翌日、最初に出てきた武官がそれを見つけました。急いで書記官を呼びました。書記官はその日本語を必死になって翻訳する。『これを翌日の12時までに渡せ』というふうにその中の命令には書かれていたのですが、翻訳が間に合わない。間に合わないというので、現地日本大使館が勝手に1時までと変更しました。そして1時に渡したのです。そのときには、すでに開戦となっていたのです。

　そのことのために、日本人はこれからずっと「卑怯な国民だ」と言われ続けます。と、いうようなことを先生方は子どもたちに教えましたか。

　事実を正確に知るということはそういうことです。正確なことを知識なしに、ムードだけで教えてはいけない。1つ1つあります。

●南京大虐殺の真実とは

　例えばこういう事件もあります。「南京大虐殺」です。
　戦争中ですからたくさんの人が死んだでしょう。日本人が暴虐、残虐な非道をしたということも曲げられない事実です。しかし、最初あそこで40万人の人が殺された、あるいは国連の裁判の中では20万人、10万人といろいろ数が出ました。数が問題でないと言う人がいますが、でも結構それは問題であります。個々の局面の中では。
　私は今から5年ぐらい前。広島だと思いますが、向こうの方に行って組合の研修会に講師で招かれました。戦争について教えてくれと。戦争は大変シビアな問題ですので私は講演を最初断ったのですが、実はここからずっと平和教育をやっていると。戦後30年、40年やってきたと。少し毛色の変わった人に来ていただきたいということで私は出掛けました。
　170名という平和教育を熱心にやった先生方がいました。私は、先生方にしたのと同じ問題を出しました。
　「15年戦争と俗に言いますが、15の戦争を全部挙げてください」と。誰1人として挙げられないんです。「その中から3つの重要な事件を挙げてください」これも、誰1人も言えないんです。「先生方、本当に平和教育を30年も40年もやってきたのですか」と。
　今言った真珠湾攻撃の話もしました。例えて言えば、日本人が汚名を着せられているこれを、日本人全部が負っていかなければいけないことなのか。少なくとも日本の子どもたちには、今のような事件もきちんと教えるべきではないか。それを誰も教えていないんです。
　「何を教えているのですか」と聞いたんです。そうすると、そこにいた先生が、「大変率直にしてきました。例えば南京大虐殺。数をたくさん多く言うのが良心的だと思ってきました」
　「馬鹿を言うな」と言うんです。日本の子どもたちを日本の教師が教えるんです。外国が教えるならば、日本の残虐・非道を教えるのならば、それはいろいろな疑問だとか何とかあっても構わないかもしれません。でも正確に事実をやらなければ、その中で生きた人々の心だとか、日本人の、前にいた人々の心だとか、正確に伝わらないでしょう。
　そのことの1つを紹介します。
　次のような新聞記事がかつて戦争前に載ったことがあります。
　「南京入りまで、100人斬り競争という珍競争を始めた例の片桐部隊の勇士向井利明、野田少尉は、10日の紫禁城攻落戦のどさくさに、106対105というレコード

Ⅴ 「社会科授業」がうまくいかない―改善ヒント

を作って、10日正午両少尉はさすがに刃こぼれした日本刀を片手に対面した。野田『おい、おれは105だが貴様は』。向井『おれは106だ』。両少尉『ハハハ』」

結局、いつまでにいずれが先に100人斬ったか、これは問わず、そして100人斬り競争をしたのです。

この中には、鉄兜で全部相手の首を斬り落としたと出てきます。日本刀1本で100人、片方は105人、片方は106人斬ったと出てきました。これが実は戦後、問題になりました。この両方の人は故郷に帰り、家族と新しい出発をしておりましたが、この新聞記事が問題となり呼び出されました。そしてこの新聞記事を書いたのが、浅見という日本人の新聞記者なのですが、「これは、私はこのようなことはしゃべっていない」と。

そもそも日本刀1本で100人なんか斬れるわけがない。そして、その後に次のように言っているんです。

そのときの彼の少尉の上長が、「この向井少尉というのは3つやっています」と。無錫と言う場所、南京ではございません。「無錫と言う場所で浅見という記者と1度しか会っていない」。1回だけの取材です。2番目、その後です。12月2日、砲弾によって足及び右手に戦傷、銃弾を受け、15日まで看護班の治療を受けていた、入院していた。12月2日から15日まで入院していたんです。この事件は10日にあったというんです。

この人は病院を抜け出し100人斬り競争をしたということになってます。そしてこの向井少尉というのは、連隊の砲兵、砲の指揮官であるから、今言ったような前線基地にはいない。よって、この少尉がその戦場に立つということは、物理的にも、今言った事情によっても軍隊の規律から言っても不可能である。

もちろんこの向井少尉は抗告を申し立てました。で、「私はこんなこと言った覚えがない。どうか、浅見記者にあれはうそだったということのちゃんとした証言をしてくれ」と。

日本人であるこの浅見記者というのは何をしたのかと言うと、手紙は来ましたけども、「この人間は大変立派な人間である」ということだけで、これがうそであるということの証言をしませんでした。それは戦争の真っ最中、起きた直後のことです。自分自身がきっとまた、大きな罪に問われるからでしょう。その結果、今だったらこの文章でわかるように、無実の罪であるこの2人は何になったかというと、死刑になるんです。即日死刑です。

無実のことで死刑です。それだけではありません。それから30年後に、この100人競争を朝日新聞の本多記者が記事に書きます。

その当時、この少尉のお嬢さんたちは幸せな結婚を送っておりました。突如とし

た新聞記事です。このうそであったという、この抗告の言うことについて一切新聞には載せられませんでした。あたかもそれが本当であったかのような書かれ方をしました。報道で報じられました。

この少尉のお嬢さんは離婚をされ、子どもたちは反抗し、そしてこの家族たちは腕が動かなくなるというそういった病気に取り憑かれます。

このようなことを、先生方は読んでわかるし、100人なんて日本刀1本で斬れるかどうかなんか。このようなことも重要な事実なんです。日本人が日本人を殺してしまっているのです。それも、「正義の仮面」をかぶってです。

私たちは、子どもたちに教えるときに、ちゃんと研究をして、教材研究をして、本当のことをちゃんと言うべきなんです。

残虐行為はあったんでしょう。私はないなんてこと言いません。でも、その1つ1つの中で、日本の子どもたちに正確に事実を伝え、その上で戦争の残虐さを教えるべきなんです。それを、これまでの平和教育と称するものは、ほとんどすべてムードの上にのっかっているだけです。ただ単に数だけでいい、そうすれば良心的だ。冗談じゃないですよ。そんなことがあるから、さっき言った真珠湾攻撃1つ、そんなことがちゃんとした形の中で子どもたちに伝えられていないんだ、というふうに思います。

● どの段階なら戦争を止められたかが焦点

そして、元に戻りますが、このご質問ですけど、「ではこの15年戦争の中で、もしか戦争を止められたとするならば、誰が、どの段階で止められたか」という問題が出てきます。

昭和天皇はこの問題について発言をされておりません。実はその発言されないことには理由がありまして、その前に軍部についてたしなめたことがあるのですが、それがよくないとお考えになって発言を控えたんでしょう。そして当時の政府の中では、内閣の中でも、海軍の軍令部長の中にも、陸軍の参謀総長の中にも、大臣の中にも戦争に反対した人たちがいました。じゃ、なぜ止められなかったのか。どこで、誰が、どうすれば止められたのか。これこそ次の世代にきちんと教育していくべきことです。そのことこそがちゃんと教育する内容なのです。

ところがそのような形で出された戦争の平和教育なんか1点もございません。全部ムードの上にのっかって、そして自分が大変悪かったなと、日本人が日本人のそのことをだめだと反日教育をすれば、それがあたかも平和教育であるかのような錯覚を抱いているのです。

再度、言います。事実の上に立った、その事実に立脚して、正確なことを子どもたちに教えるべきだというふうに思います。

Ⅴ 「社会科授業」がうまくいかない―改善ヒント

Q4 道長と天皇の結びつきを発問すると？

A 日本の「正史」はちゃんと教えよう

　天皇と藤原道長の関係を授業する上で、最も大切なのはこの点なんでしょうかね？
　道長のむすめが天皇に嫁していったと。これはすごく重要なことなのですが……。

●王様と皇帝の違い

　「王様」と「皇帝」とどう違うかご存じですか。
　まず、基本的なことからいきましょう。
　『皇帝陛下』の皇帝と『王』との違いです。まず、皇帝と王の違いがわからないとこの授業はできないんです。
　ナポレオンは皇帝です。天皇も皇帝です。
　皇帝のもとにあってあちらこちらを、それぞれを1つ1つやった（統治した）のが王です。王様というのは皇帝の家来です。王と皇帝では格が違います。
　それで、一番最初に中国には皇帝がいました。
　朝鮮（コリア）には皇帝はいません。
　日本は天皇がいましたから、天皇は皇帝です。
　ですから、聖徳太子が出した手紙で「日出づる処の天子、書を日没する処の天子に致す」というのは皇帝から皇帝への手紙、対応です。
　江戸時代の朝鮮通信使との間で闘いになるのは、ケンカになるのは「日本の天皇＝皇帝」は、向こうの「王」に対しての対応をした。
　皇帝と王では格が違いますからそれは当然トラブルのもとになります（向こうは『格下に扱われた』と考えるのである）。
　朝鮮通信使は「これは書き換えなければ受け取れない」ということになります。
　中国では皇帝は次々と変わりました。王朝によって皇帝は変わっていくんです。

●中国の『歴史書』づくり

　これ、ご存じでしょうけれども、王朝が変わるたびに中国では『歴史書』がつくられますが、中国の『正史』、正式な歴史の本というのは次の王朝ではなく、次の次の代しかつくれないんですね。
　これは、王朝が変わって打倒された先代、打倒した次の代は直接関わってきますから中国の正史はつくれない。その王朝が倒されて、次の代になってはじめてつくられる。

ですから、現在は「清王朝の正史」はつくられておりませんね。現在の政治体制が変革されなければ、清王朝の正史はつくられてこない。

その点では中国民族というのは偉大な文化の持ち主なんです。

現在までそうしてつくられた正史が二十四史です。

24あるわけです。日本では十八史略と表現されますが二十四史ですね。

●日本の天皇と時の権力者

そうすると神代の代から続いて連綿と、現在に至るまで皇帝が続いているのは日本だけなんです。皇帝は他にもたくさんいますけど、続いているのは日本だけなんです。

そして日本では、そのときどきに権力を握った人たちがいます。平家もそうです。

藤原、平家の一族もそうです。

そうした人たちは、一度として「天皇になりかわろう」と思ったことはないんです。つまり、皇帝陛下と自分の位置は別個だったわけです。

藤原道長ほどの力を持っても、なりかわろうとは思っていないのです。

江戸の徳川将軍家もそうです。そんなことは思ってないんです。

だからね、一番最後の段階で、明治維新は『大政奉還』という突拍子もない考え方を突きつけて終着していくわけです。

もう一度政権をお戻しする。

ですから、道長と天皇の形を（授業）するんならば、天皇一族という連綿とした皇帝一族の流れと、そのときどきの権力を握った平氏がいたり藤原がいたりするということの理解を、教師の方がまず持っていなければ駄目ですね。

これを授業するかどうかはまた別ですよ。

藤原道長、いわば「月さえも欠けない」と豪語した人間でさえ、自分の娘を天皇家に嫁す、嫁に出す、そこで終わったんだ、臣下で終わったんだということが日本の歴史の骨格なわけです。ずーっと貫かれている問題、テーマなんです。

それは中国の歴史と日本の歴史との比較でもそうです。

アメリカと日本の歴史の比較でもそうです。

アメリカ人としゃべっていて日本の皇帝陛下というんでしょうか、天皇が神代の時代から連綿と絶えることなく続いているんだということを話したときに、彼らはびっくり仰天するんですね。

●日本の「正史」とは

次にそういった中での日本の「正史」というもの、歴史というもの、それは今のところ日本書紀と古事記しかないわけですね。

で、日本書紀と古事記はあれは神代の時代だなんて、それは当たり前ですよ、最

初の古事記は。でも日本の「古事記」というのは「神代の時代だ」ということをことわって書いている文章です。どこの国だって全部神代の物語はあります。ギリシャ史だってそうです。ローマだってそうです。それはどこの国だって、日本だけじゃないです。

そういったことをちゃんとやってきた段階の中で、日本の「正史」というのはその2つしかないですから。

そうじゃない形では（つまり正史という位置づけ以外では）『日本外史』だとか、頼山陽だとかの歴史がありますけれども、そういった、日本の歴史に対して基礎的な理解が必要だと私は思っているんですね。

それは日本の子どもたちに、日本の教師が教えるんです。

外国人が教えるんじゃないですね。

日本の最もすぐれた、あるいは伝統として続いてきたものを、そのことについて賛成であれ反対であれ、ちゃんと事実として教える。

なお授業としては、たいしておもしろい授業とは思えません。以上です。

Q5　租税教育をどう組み立てればよいでしょう

質問の内容

6年生を対象に税金についての学習をしようと考えています。
4時間で指導するとしたら、どんな学習が考えられるでしょうか。
① 税務署等へいって調査活動をおこない、それをまとめて発表会をする。
② 街づくり教育と関連させる。
③ その他。

A　まず教師自身が税制の歴史を学ぶことから始めよう

今のところ①と考えています。

先生の税金に関する考えをちょっとお聞かせください

まず日本でやりましょう。江戸時代の税制と現在の税制と比べて、感想、意見を簡単に述べてください。（江戸時代と比べて、今は消費税等がありますけれども、そういう現金ではなくて年貢の違いでしょうか。うまく答えられません。）

じゃ知ってないってことだよね。何も考えてないってことだよね。

では、アメリカの税制と日本の税制を比べて言ってみてください。（わかりませ

ん。)
　じゃあ、ヨーロッパの税制と日本の税制とを比べてみて。(わかりません。)
　じゃあ、ちなみに中国、ロシアにおける税制の一番大きな問題点は何なのか。(わかりません。)

● 江戸時代と現代の税制

　江戸時代の税制の中で、例えば、六公四民だとかひどいときには八公二民だとかいうふうに、幕府が6割取る8割取るというふうな形で言われていました。

　六公四民、ひどい、そんなに幕府が持っていっちゃうんだ。まあ、五公五民ぐらいの間でしょうか。実際持っていくのは三公ぐらいだと、30パーセント程度ぐらいだろうというふうに言われていました。

　1980年から5〜10年前までの日本の税制は、最高どのくらいまで持っていったかご存じですか。92パーセント取ったんですね。九公一民じゃないんですよ。九・二公〇・八民です。

　ですから、国税で凄まじいと言われた江戸時代より、もっとひどかったんですよ。もちろん高額所得者ですよ。

　金持ちから税金を取って当たり前だと。あるいは多少小気味よいというふうに思う人がいるかもしれません。

　でも、それだけ取ってしまうとどういう時代になるかっていいますとね、お金持ちっていうのは、みんな外国に逃げちゃうんですよ。私の知り合いで、外国に居住を移したのたくさんいます。

　日本に残って、日本に税金はらうなんていう人はまじめな人ですよ。遺産相続にしても他のことにしても1割払えば残りは自分のものになるなんていう国はいくらでもあるんです。

　これだけグローバルな社会になっているわけですから逃げちゃいますよ。ですから自ずと限界があるんです。どこで線を引くかという。

　さっき言ったようなことでたくさん逃げていった国の1つがアメリカだったのです。資産の安い国に財産をアメリカから移してしまう。

　それでアメリカがおこなった税制改革っていうのは、所得税をごっそり低くすることだったんですね。フラットにして標準化して。70パーセントも80パーセントも取ったのを30パーセント一律だとかにして。

　でもね、仮に10パーセントとしましょう。10パーセントっていうのは意味があるんです。昔、古代ローマでも、税っていうのは一律10パーセントだったんですね。

　10パーセントでも年収が1000万の人は100万払うんです。年収が50万の人は5万なんですね。

つまり、10パーセントでもたくさん取ってる人はたくさん払うわけですよ。同じフラットでも、10パーセントというのは。その10パーセントフラットという考え方が人類の中で大きいわけです。

もちろん、最近の社会主義的思想の中で、全体をフラット化するために累進課税その他をかけるわけです。それは、また意味があったことです。社会全体をフラットにしよう、同じようにしようという。ただ、そのことによって活力を失ってしまった社会がたくさんあるんですね。

アメリカはそれではダメだっていうことで税金全体を落として、そして今の活気を取り戻してくるわけです。

もう1つ、ヨーロッパ諸国は所得税から取れない。全体から取れない。でも所得税は税の一部ですからね。全体から取れなければ高福祉の国はやっていけないから、それを消費税やその他のところから20パーセント、30パーセント取るわけですよ。それは全部福祉の予算に出てくるわけです。

ですから、日本が取ってる3パーセント、5パーセントなんていうのは、言うならば消費税とかいう中では、導入についた段階です。

もしか、福祉に関する予算がいらないっていうなら話は別ですよ。それは、自分たちで生きていけばいいんだと老後は自分で面倒見ていけばいいんだというならば。

そうじゃなけりゃ、どっかで予算を取らなくちゃいけないわけですから。それをどうするかっていうことを決めなくちゃいけないわけですね。

●日本の課税基準は世界一？

ですから、税の問題っていうのは、そんなに簡単じゃないんですよ。で、まあ10パーセントフラットでおこなうだとかそういった形ぐらいであるならば、日本の税制は上から高く取りますけれども、税金払わない人がたくさんいるってこともご存じですよね。日本の課税基準は世界で一番高いですから、アメリカやイギリスの倍近く取っていますから。

正確に憶えていませんが、年収が150万程度からアメリカ、イギリス、フランス等がかけるとするならば、日本は300万ぐらいまで無税でしょう。

そういったことがいい社会をつくり出すならば話は別なんですよ。そういったことが不公正であったりあるいはゆがみを生じてしまったり活力を失ったりすることであるならば、税のあり方を考えていかなくちゃならないわけですね。

国家の基本的戦略の極めて重要で基本的な問題です。

ですから、これから少子・高齢化社会になって、介護の金もかかる、老後の金もかかる。様々な生活の資金が必要になる。そういったことを多くの人々が安定して受け取ったり使っていけるためには、どういったことが必要なのかっていうところ

から、税の収入・徴収の部分と配分の部分が出てくるわけです。

　さっきちょっと言いました。社会主義国家、ロシア、中国にしても最大の問題は税金という概念がなくて、税金を徴収するっていう機能がないんです。

　ですから、市場経済に移ったとしても、本来そこで利潤を出せば、そこからきちんとした公正な税金が出ていかなくちゃいけません。

　でも、そういったシステムが機能していませんから、力があるところは隠してしまって出さない。他のところは一律に割り当てられるだとか、極めて不公正・不安定な状態を生じてくるわけです。

　社会主義社会が安定した社会になっていくためには、なお何十年間の年月をかけて、今言ったことを辿っていくほかないんです。

　そういったことが出るときには、経済活動と裏腹ですから、どこの国でも大混乱がおこるんです。

　日本でも第二次世界大戦が終わったとき、関東平野が全部焼け野原になったんですから。そして東京ににょきにょきとたくさんの闇市ができ、そこでいろんなものの売買がおこなわれ、中にはひどいものが売られ、物々交換がおこなわれ、その中からいくつかのお店とかが再建され、そしていくつかの経済の正常ルートが生まれてくるんです。

　ということをどの国でも近代国家になっていくためには通らなくてはならない道なんです。

　中国だっていずれそうなっていきますし、ロシアだってそうなんです。やむをえないんです。そういった道を通りながら、その中で様々なことを学習しながら、やがて近代国家の形を整えていくわけです。

　今、日本の場合には高福祉、福祉に対する予算がたくさん必要になってくるわけですから、これが北欧のノルウェーみたいにやるとするならば、間接税を60パーセントぐらい取らなくちゃ無理なんです。

　60パーセント取ることは、とてもじゃないけど無理な話で。それでもそういった福祉のことをやっていくためにはどうしたらいいのか。そもそも、全部介護その他でやっていっていいのか。それだけが生き甲斐なのか。生き甲斐は他にあるのか。生き甲斐があるとするならば、もし60歳を越えた後はどうあるべきなのか、いろいろ考えなくちゃならないんですね。

　大事なことなのでもうちょっと。

●日教組に必要なこと

　私は、日教組の委員長にならないかと真剣に口説かれたことが2回あるんです。

　で、1回目が7〜8年前のことです。前の日教組の委員長、田中先生、ボスみた

いなもんですね。私はもちろんやらないです。そんな興味・関心がなかったですし、法則化の方が楽しいのですし。

　そこで、3つ必要なことがあると言ったんです。

　1つ目は、職員団体。一定の組織ですから、いい授業をするために組合費を使っていくべきだ。教師が一番困っていたり一番関心のあることは、いい授業をすることだから。いい授業をするために本当に役に立つ情報を流すというところに組合費を使っていくべきだ。

　2つ目は、40～50万の職員団体であるならば、様々な経済的メリットが生じるはずなんです。保険料をもっと安くできるんです。車を買うとき、もっと安く買えるんです。保険の利率ももっと低くできるんです。様々な経済的メリットをすべて追求できるはずなんです。いろんな形の中で、それに全力を注ぐべきだと。

　そして、3つ目に言ったのがですね、60歳で退職した職員のネットワークをつくるべきなんだと。10年前にやめたある先生が保険の外交員をし、ある先生はどこかへ行き、そういうことではなくて、組織だって仕事がしたい人には仕事をし、そうじゃない人にはそうじゃないことをするというようなネットワークをつくるべきだと。

　私の頭には、アメリカにおける退職の教師たちの連合体がありまして、なんと退職した教師たちが中心となって、日本で言えば力があったときの日教組のようなものでしょう。全米3000万人を組織しているんですよ。教師だけじゃないんですよ。いろんな人たちです。

　3000万の退職者のネットワークというのはとてもすごいもので、月に100円で、毎月こんなに分厚い情報誌が送られてくるんですよ。その中にはボランティアをしたい人はこういうところ、教室に行きたい人はこういうところ、そして働きたい人はこういうところ、医者に行きたいときにはこういう相談所へっていう情報誌がくるんですよ。

　それはお互いとってもいいことじゃないですか。退職した後、自分のいるところでボランティアをしたり、やりたいことをやっていく。そういう仕組みをつくりネットワークをつくり、今のところそれができるのは日本の教師の中でとりあえず日教組ができる。それならばお手伝いをしますし、なりましょう、というふうに。

　で、全体のシステムをどうするのか、それをどこで運営するのか、今言った運営の資金をどこから持ってくるのかということを様々構想してつくっていくことが必要になってくるのです。

　再度戻しますけれど、税のことを先生がおっしゃるように教えたいならば、先生がご自身で税のことに対して学習することをお勧めいたしますね。

VI 「算数授業」がうまくいかない―改善ヒント

1 "算数授業の基本"指導のヒケツはどこでしょう

Q1 基礎学力を保証する授業とは何でしょう

質問の内容

子どもたちに、音読の力もつけなければならない、計算も、漢字も、視写力も……と、このように考えていくと、授業の時間だけでは足らず、ついつい宿題の量が増えてしまいます。

向山先生は子どもたちに基礎的な力をつけていく際、いつどのようにして指導をされているのでしょうか。

A 算数の教科書は予定どおりがベスト！

あのですね、私は算数の教科書を予定どおり、その時間にやってる方が力がつきますね。もう自信を持って言えますね。

ＴＴでいろんな先生方の授業を見ます。若い先生、熱心な先生たくさんいます。プリントを用意されてます。いろんなことやってます。だいたいプリント用意したりしている授業はダメですね。

●教科書どおり授業する

その先生が淡々と教科書どおり授業やってると、点数約80点だとすると、プリント準備した授業は40点から60点ですね。ひどいのは15点ぐらいになりますね。

例えば文字が1か所違っている。カギが1か所違っている。授業が混乱します。そのたった1か所の混乱をとり戻すのに30分かかります、いったん混乱させちゃった場合は。

担任の先生は何気なく考える。あー、これはこうなんだ、訂正してやってごらん、なんて言いますけど、もう子どもは混乱してますから、どの子に対しても訂正するのに時間がかかります。

ですから教材のミスなんてのは本当に強烈なんですよ。それを考えれば教科書はミスありませんから。いいとか悪いとかはその次の話です。

私は前は教科書の進度の1.5倍ぐらいのスピードだったです、授業するのが。で

VI 「算数授業」がうまくいかない―改善ヒント

すから、通常より早いですからその間にいろんなことやってましたけれども。

ＴＴやってるっていうと、あれは毎日授業参観やってるみたいなものですから、けっこう疲れますね。

でもそれと2人でどの子もきちんとやろうというふうにしてますと、やっぱり通常が一番いいんでしょうかね。

● **教室で子どもが並ぶのは×**

例えば、練習問題が5問あるとしますね。教えてる練習問題3問目が終わったら持ってらっしゃいって言うんですね。これ初めての人がいるでしょうから念のため、私、聞きますけども最初の問題ができたら持ってらっしゃいというのはダメなんですよ。最初の問題持って来たら子どもがずらーと並んじゃいます。

教室にずらーと並ぶ状態は、いかなることがあっても、しちゃいけない。教室の鉄則です。

3問目までできたら持ってらっしゃい。全部、全部はダメですよ。全部できたら持ってらっしゃい。時間差できません。

マルをつけてやって、そして席へ帰ったら何をやっていいかわかりません。何をやっていいかわからない。これも一瞬たりともつくっちゃいけませんね。ですから3問目。3問目まで持ってきて、先生がマルをつけます。

そのときに丁寧な先生は3つともマルをつけるんですよね、バカ丁寧さ、丁寧なバカ。小さな親切大きなお節介。3つなんかつけてたら時間がかかっちゃいます。ずらーと並んじゃいます。こんなのやる必要ない。3問目の1つだけでいい。

しかもそれが間違っている。説明する先生がいます。もうシロウトの極み。そんなことで説明したら後ろまで子どもがずらーと並んじゃう。教室の騒乱の元です。バツでいいんです。何にも言わないでバツだけつけるんです。

そして子どもはそんなはずないって、帰って行って、そして自分で必死になって問題解くんです。

合うときの方が多いんです。バツを2回つけられ、8割は戻って帰って合ってきます。子どもは自分の力で解けるんです。

それをわざわざその場で解ける力をやらせないで、説明して。しかも教室は騒乱状態。

ですから5つの問題があれば、3つできたら持ってらっしゃいと言います。そこでマルバツつけます。ものすごいスピードです。

30人全部つけるのに1分ぐらいです。1人あたりの持ち時間なんか0.3秒ぐらいかそこらです。

できない子はざーっとやってきて、もう1回やってきます。その子はまたできる

ようになって。

何回もやって2回、3回、4回できなかった子が1人、2人残ります。それはその段階になって初めて説明してやればいいんです。

そうすると今度は先いっちゃう子がいますね、全部終わって。

● 子どもが「黒板に書く」を入れる

私の場合は「早くできた子おいで」、教室の黒板のところにこうして書いてやって、1番目、2番目、2人ずつ黒板に書きます。喜んで書きます、黒板に。きれいにわかるように書いてねなんて。

そして3つ目ぐらい、こう書いて。そして3つ目かな、みんな見てごらん。こっち。3つの答え合わせしよう。3つ目マルつけますね。できてない子は直しなさい。あと2問残ってます。じゃ全部終わっちゃった人の中から、この2つ黒板に書いてごらんと言うと、ざざざーと書くわけです。それだけでやってない人はいくわけです。

正確に言いますと、一番最後までいかない子がクラスに1人か2人3人残りますね。それでもいいんですよ。

それでもいいの、待つ必要ない。そこまで今言ったような手順を踏んでやって、そして答え合わせ、最後までいかないけれど。その子は写させときなさい。

その子のためにわざわざずーと待ってやる。できた子何やってるか。騒乱状態になってる。そんなことする必要ないんです。

今みたいに淡々とやっていけば長い間には、その子もできるようになるんです。間違いない。

さっきのレポートにもありましたけれども。短く何回もの方がいいんです。その時間を待ってやってずーとやって、そこまで終わらせる。一見それはできそうに見えるけどそうじゃないんです。

今言った状態の中で3個ぐらいで終わらせて、また終わらせて終わらせてということを積み重ねてると、間違いなく子どもの力はついてきます。

Q2　進度の速さの秘密は何でしょう

質問の内容

向山先生が学級担任をしていたころ、算数の速度が、教科書に書かれた予定のほぼ倍のスピードだったそうですが、どのようにしたらそのように進めるのでしょうか。

私は、算数があらゆる教科の中でも一番進むのが遅くなってしまう。ポイントだけでも

教えてください。

A　ごく当たり前のことを連続的にちゃんとやる！

　ポイントは、算数の時間をつぶさないことです。これが第一です。
　チャイムが鳴ったら始め、チャイムが終わったら終了する。算数の時間だけは絶対つぶさない。いろんな行事があってつぶすことがあっても、理科や社会科はつぶしても、まして道徳なんかはつぶしても、絶対算数の時間はつぶさない。
　これは、算数だけは取り戻しが不可能だからですね、他の教科にくらべて。
　社会科だったらぶっちゃけた話、最後の1週間に1年分やりゃいいんですよ。
　有田先生が怒るかな？
　でも、算数はそういうわけいかないですよ、これだけは絶対つぶさない。
　第二にですが、基本的な形をちゃんと教えていって、練習問題やって、ごくごく当たり前のことをやるんです。私は、教科書どおりにやったっていう、実につまらないナンセンスな授業の方が、いろんなことを覚えてパフォーマンスやった授業よりはるかにいいと思います。ただですね、授業のやり方に1つのパターンがあった方がいい。
　すごく簡単に言えば、例えば、最初の方に例示の問題がありますね。例示の問題を出してノートに書かせるわけですよ。この枠組みの中に書きなさい、教科書を写しなさい。
　で、その下に、自分のこの問題、こう課題をやってごらんなさい。それを黒板に発表させるときもあるし、そうじゃないときもあるし。
　そのほか練習問題がありますね、①とか②とか。そして3番目が終わったら先生に見せにいらっしゃい。
　ときどき花マルあげるんです。花マルの競争になりますね。花マルに帽子をかきます。そして、蝶々が飛んでいるんです。「先生、蝶々飛ばして」なんてみんな来るんです。
　中学校でも花マルかいたらよろこんでるっていいますよ。
　練習問題をやって、ごく当たり前の連続的なことをちゃんとやっていくんです。
　テストやったら何人か落ちる子がいるんです。どこだってそうです。それはそれとしてベストとして考えるんです。

Q3 速さはあるが、ていねいさがなくて困っています

A 指2本でノートに書かせるコツ

　ていねいさがないのは先生が悪い。金子先生どちらにいらっしゃいますか。ノートの書き方なんていうのは。最初の1時間目だけです。
　もう一番最初のときにやるんですよ。
　それで、例えば算数の場合に、となりととなりの間を空けると。
　計算するとき空けなきゃいけませんね。計算問題と問題の間です。
　私は一番わかりやすいのは「指2本」だと思うんですが。指2本入るようにしなさい。この指2本というのは必ずやらせなくちゃ駄目です、実際に。
　指2本空けなさい。そして横の線を引くときはミニ定規を使いなさい。
　そういうときのチェックは最初の1問だけでやるんです。
　たくさん書いてきたとき、全部書き直しなんて子どもはいやでしょう。
　例えば、これだけの問題が指2本のときはもう1つ。
　ミニ定規で引いた線でなければやり直しですよ。
　最初に言うんですね。書いてる最中にも言うんです。
　で、子どもは持ってきます。○をつけてやるんです。線を引いてないのが何人かいます。
　書き直していらっしゃい。先生は何回も言いました。
　最初の1問。1問だけ1問、だから子どもはやり直して来るんですよ。
　その横のところに次の問題をやってごらんなさい。指2本入るようにするんですよ。
　で、次持ってきたときは「指2本」ですから、子どもに指2本入れさせるんです。やってごらんなさいと言って。
　指が引っかかったらやり直していらっしゃい。
　私の例ですと、今言ったこと。指2本とミニ定規の線だけでうっとりするほどきれいなノートになります、最初の1日で。
　で、そこをぐじゃぐじゃにすれば全然駄目ですよ。
　ですから、ノートがきれいだというのは、ひとえに先生のご指導です。
　自分の指導の間違いの部分、弱い部分を直していくことですね。

Q4　授業はハイペースがよいでしょうか

A　この問題できるよね―5分で「ハイ終了！」

　私の授業はハイペース型ではございません（笑）。次のようにすることもあります。
　例えば、1単元を5分で授業する。5分で授業して終了。
　これやってみるといいです。どんな単元でもいいから5分で授業してもらって、教科書のこの問題できるよね、この問題もできるよね、これだってできるよね、これはできるよね、これもできるよね、で5分で全部終わり。あとは自分で勉強しなさい（笑）。
　このためにはですね、ポイント中のポイントの問題でなくちゃだめなんですね。ごちゃごちゃごちゃごちゃ、たくさん教えるわけじゃないです。1問できて1単元全部教えられるのが理想的ですね。
　それは、「1平方メートルということは、例えばどういう意味なのですか」。これは、教科書に書いてあるオーソドックスにやることももちろん大切なことなんですよ。取り上げなくちゃいけないんですけれども、ときには今言ったようなことに挑戦させてみるということですね。

Q5　割り算の商の見当のつけさせ方を教えてください

A　ダメだな、発表させなくていいのだ！

●授業をここでやってみて、考える
　割り算、久我先生ちょっとやってみてください。いくつでもいいですから、典型的な例を1つ出して、子どもにやるようにやってみてください。
　「問題を読んでみましょう。さん、はい。
　この問題の商はどこに立ちますか。Aだと思う人。Bだと思う人。Cだと思う人、手を挙げなさい。
　どうしてそう思ったか発表してもらいます」
　駄目だな。それ発表させなくていいんです。いいんです、「Bです」で通過しちゃって。

で、間違う子がいるとどこも説明したがる、解説したがるんですよね。
いいんですよ、今のはわざと手を挙げてんだから。
で、教室だってこんなことで間違うのはいないって。Bですね。他消しちゃいます。
ここに商が立ちますね。53の中に15がいくつあるか考えなさい。
ここ（B）に数字を書きましょう。
もし、これが21だったらどうやります？
53の中に21がいくつありますか。
どうするんですか、その後。
「まず自分で考えて数字を立てなさいと言います」
わかりました。よくわかりました。よく考えてね、そして説明するんですね。
私は読ませることから行きます。531÷21です。
商は、Aに立ちますか、Bに立ちますか。Cに立ちますか。
Aだと思う人手を挙げなさい。
Bだと思う人手を挙げなさい。
Cだと思う人手を挙げなさい。
そうですね。これは当然Bですね。Bに立ちますが、いくつが立ちますか。
で、その後が大事なんですが。絶対教師が手で隠さなくちゃ駄目なんです。
こうなっている風景と、教師が手で隠した風景とでは、風景が異なるんですよ。
これはすごく難しい感じがします。隠すとわかりやすいんです。
長江さん、いくつですか。
2ですね。で、商を立てたらどうするか。そこがまた大事なんです。
立てたら「かける」んですよ。
いけねえ。言わせるんだ。それを。
立てたらどうしますか。（かける。）
いくつといくつをかけますか。（そうですね、21と2をかけます。）
そのとき、かけ算は必ず横へ補助計算をしなけりゃいけませんね。
これは21×2、4年生ぐらいならとても簡単な問題です。
二一が2、二二が4、はい42になりました。
かけたらどうしますか。川口君。（移しますですよね。）
移すんです。立てるで。かける、で次に、移すという作業が必要なんです。
教科書に出ていませんが。移すは絶対に必要なんです。
そこに移しますか。（はい、53の下に移します。）
福岡から来た萩尾さん、移したらどうしますか。（引きます。）

いくつからいくつを引くんですか。そう、53から42を引きます。11になります。そして次に何をしますか。川口君。(下ろす。)

そう、下ろしますよね。何を下ろすんですか。(1です。)

こういう形になって、また1つ1つ手順を踏んでいくのです。

● 隠して見えてくること

つまり、隠すんですよ。子どもたちは人差し指で隠します。

隠すと風景が違ってくるんです。でこう隠しますと、5がCに立ちますから21×5と105になりまして。

105をどうしますか、川口君。(移す。)

どこに移しますか。移したらどうするんですか。(引きます。)

いくつからいくつを引くんですか。

これ、毎回言わせるんですよ。それは勉強できない子のためなんですね。

そして最後の15というのは難しいんですよ。でこれは修正が必要なんですね。

1でやりますから5が立ちます。5が立ったらば当然、大きい数になります。

大きくて駄目。5の1つ下の4と修正するんです。2回修正しなくてはいけない。

で、教科書で、3回修正する問題、4回修正する問題は一番最後に出てきます。最初は1回修正。必ず1つだけ下ろせばいい。

物事には順序がありますから、1回だけやるということをやって、1つ下ろせばいいんだねとちゃんと教えなければならないんです、できるようになるのに。

先生、1回直しても駄目だ。どうしたらいい。もう1回やるんだ。

その×をつけたとこのとなりにもう1回下ろすんですよ。

● 割り算はノートにバツがつく

これ、消さしてやったら駄目ですよ。

できなかったらバツをつけて、バツをつけて、そして新しく531÷21ときれいに書かせて、そして1つ下ろして計算させなくちゃいけない。

で、バツはノートにバツがつくんで、ここの段階のバツがつくんです。

割り算で教えるときにはノートにバツがつくんですよ。

で、勉強ができる子ほど、バツが多いんです。先生方の学級でやってみるとそうです。勉強ができない子ほどバツをつけたがらないんです。ごじょじょっと消したがるんです。

ですから、その子に対して「勉強できるようになりたかったらバツをつけなさい」「先生の言ったとおりにやりなさい」、その方が早いんです。ノートもきれいです。

いずれこういったことが必要じゃなくなります。

なくなりますけども、必要があるときは原則どおりこのようにやるんです。

Q6 答え合わせの方法とできない子への対応を教えてください

質問の内容

向山先生は、算数の教科書に載っている全問題を解かせているということですが、子どもたちはどのように答え合わせをするのでしょうか。
また、子どもがその子自身の力で解けない問題が出てきたときは、どのような対処をされるのでしょうか。

A　ノートと教科書のチェックが基本！

算数の教科書に載っている問題を全部するのは当たり前のことではないですか。それは当然のことです。
そして、そのことに対して答え合わせをするのも当然ではないですか。
私は1時間に1回、1つの問題は直接私が丸をつけます。
これにかかる時間は2分くらいです。
その子自身の力で解けない問題が出てきたときには……教えます。
「こうやって頑張ってごらんなさい」と言ってさせます。
ときには、宿題などになることがありえますし、答え合わせをやっていて積み残しになることもありうることです。多くの子どもがいるのですからしかたないことです。

●1人1人の教科書とノートを調べる

私は1つの単元が終わったとき、1人1人の教科書とノートの両方を調べます。教科書の方にはできた印とできない印をちゃんとつけてあるかどうかを調べます。例えば、①②③と練習問題があったとすると、できたらできたという印をつけ、1回やって間違いの印、2回目をやって間違った印、これはできたけどこれはできないというのがわかるようにします。最後には全部できた印がつくようにします。
このように、★印の問題を含むすべての問題について教科書にチェックができているかどうかを調べるのです。単元全部です。これだけでずいぶん違います。
もちろん、教えるときは最初少しずつやってあげるのです。
ノートの間違えた問題にはそのときの答え合わせが書いてあって、後ろの方のページにもう1回やってあります。つまり、間違えたときには2回書いてあるのです。
そうすると、何もやっていないのに、「先生、できました」なんて言ってくる子がいるわけです。ノートを調べてぬかしたところを探し出せなくては教師ではないですね。

しかし、1つずつ全部調べると膨大な時間がかかりますから、工夫が大切です。

1単元の中で極めて複雑な問題を2問くらい見てやればよいのです。作図をしなさいだとか、余りを2桁まで出しなさいだとか、2問見てみるとだいたいそういうのはとばしているのです。とばしていればそのまま突っ返せばいいのです、「もう1度やり直していらっしゃい」と言って。

こうすると、全部の問題が必ず終わっているという状態ができるのです。

これは様々なさせ方があります。放課後残してさせるということももちろんありますし、終わった子から何かの作業をしてよいというようなときもあります。このような時間差が生じる場合もあります。

いずれにせよ、教科書が全部終わったかどうかはチェックするべきだということです。

Q7 ノートを見るときの観点は何でしょう

質問の内容

向山先生は1つの単元が終わるとノートを集められるということですが、各単元集められるのでしょうか。

また、そのノートを評価されるのだろうと思いますが、ノートを見るときの観点をいくつか教えてください。

A 「きれい」「ていねい」かを見るのが第一歩だ

算数は単元ごとに見ます。ノートではなく、教科書だけです。チェックするのです。

観点の第一は、「きれいで、ていねい」だということです。

第二に、算数だったら「複雑でややこしい問題を解いているか」ということを見ます。

全部を見ると膨大な時間がかかってしまいますからそんなことはしません。例えば、算数の単元の複雑な作図の応用問題だったら、その中の2問見るだけでいいのです。ですから、1冊のノートを見るのにかける時間は、10秒程度です。1単元見るのに1人10秒です。

この問題をやってなければ、他もぬけていると考えられ、「もう1度自分で見直していらっしゃい」と突き返します。

この複雑な問題は3、4割の子はぬかしてしまうものなのです。

それを教師は見のがさないということは大事なことです。
他の教科の場合は「見開きページのまとまり」を見ます。
よいノートをみんなに紹介します。

2 "向山型算数のイロハ"指導のヒケツはどこでしょう

Q1 導入の工夫を教えてください

質問の内容
「小数のかけ算」の授業の導入の工夫の仕方は、どんなものがありますか。

自分なりの解決策
整数×小数と小数×整数の違いに気づかせてから、いきなり自分なりに解くように（式、図など）話しました。
意欲を持って取り組む子（上位）とそうではない子の差が大きく出てきてしまいました。

A 一生懸命やるほど差が開く……

導入の工夫を先生に見させていただきたいんですが。何度も言いますが、先生が工夫したこと、先生が一生懸命やったこと、やればやるほど子どもたちの差が開いていきます。できない子は増え続ける。教科書どおりやるのが一番いいんです。
教科書どおりやって工夫もなし。誰でもわかる問題を。
ただし、リズムよく、テンポよくやる。

Q2 教え方をライブ体験したいのですが……

質問の内容
『トークライン』1997年6月号にある、「13dLのスープを3人で等分すると、1人分は何dLになりますか。商は四捨五入して、10分の1の位までがい数をもとめましょう」の問題の教え方をライブで体験してみたいです。

A 「までさん」なんですよ

これ時間がないのでライブでできませんので、もしか必要ならば、「向山洋一の教え方教室」へ来てください。

VI　「算数授業」がうまくいかない―改善ヒント

ポイントだけ言っておきます。

先生方のノートに「2.863」と書いてください。

「2.863」を四捨五入させる場合に、3種類の言い方があります。

1つはですね、例えば「小数第何位、あるいは、100分の1の位を四捨五入しなさい」と言う場合です。そこにしましょう。

「100分の1の位を四捨五入しなさい」と言われた場合、四捨五入する数字を□で囲みます。したがって、6を□で囲んでください。6を四捨五入して……□で囲むんですよ、数字を。そうすると、8を消して、上に9と書きます。

もう1つ下に、2.863を書いてください。2.863という数字を書いて、今度は、「10分の1の位まで」と、その「まで」というのを教えるために、10分の1の位の上、10分の1の位は、8です。8の上に○を書いてください。

大きな、数字と同じくらいの○を書いてください。そして、○の中に「まで」とひらがなで書いてください。

私は、このように言います。

「これは、『までさん』なんですよ。ここまで四捨五入します。『までさん』の右側の数字を四捨五入することになりますから、6を□で囲みなさい」と言うことになります。

つまり、「までさん」という考え方を導入することによってそれを四捨五入する。10分の1の位まで、あるいは、100分の1の位まで四捨五入しなさい。

もう1つ言い方がございますけれども、「四捨五入して何の位まで出しなさい」。

いずれにしても「までさん」というのがあるんですが、それをきちんとやると子どもは、混乱しないんです。

ですから、「○まで」をつける。ポイントだけをお話しました。

Q3　ノートの書かせ方と指導のポイントを教えてください

質問の内容

以下の文章を読んで、向山先生のノートの書かせ方を忠実に追試したいのですが、読み取れない点がありましたので（確認の）質問をします。
① やりなおしのページとはどこか。また、いつ書かせるのか。
② なぜ2か所に書かせるのか。

私は見開きの右側のページに授業中に書かせるのだと推測します。ただ、「写すだけ」になってしまわないのかが疑問です。

学期末の確認等で書かせるのなら、写すだけでも十分と思いますが…。

> 十一、3回目の授業
>   そして、3回目の授業。まず、フラッシュカード。そして問題1とか問題2とかってやってあるから、答え合わせします。そのときに3問だけ答え合わせをして全部できた人は問題にしるしをして、できない人もできなかった印をさせます。
>   できなかった人は間違いの場所に（ノートのここ）書いて、またノートのこちら側にも書くと。宿題を忘れても同じです。
>   だから必ず2箇所書くことになります。忘れても、できなくても。
>   ここでは、答え合わせのページ、ここはもう1回やりなおしのページ、やりなおしの問題を2回書くことになるんですね。　　（『教育トークライン』1995年10月号）

A　補助計算をきちんと書かせるのが基本

間違いがあったときにはそこを赤鉛筆で直しなさい。と言います。

当然、（子どもは）直しますね。

それ（正答）は黒板か何かに書いてありますから、子どもはそれを写すだけの状態になりますね。

で、とにもかくにも写した。で、それはそこのところができないんですから、そのことを何とかしなくちゃいけませんね。

それを私の授業の中では、単元が終わったとき、あるいはお家に帰ったとき、この間違えた問題をもう1度やってごらんなさい。というふうに言うわけです。

で、もう1度やることになって、2か所書くことになります。
① できなかったそのときに、その場で写したところ。
② 単元終了時または学習した日の帰宅後など「後から」直したところ。

で、私の授業の場合では、これ昔からそうですが、算数の1つの単元が終わるたびに、ノートと教科書をチェックします。
① 教科書には、ちゃんと問題をやった印がついているかどうか。
② ノートもそれに対応してきちんとやっているかどうか。
ということをちゃんと見て、確認の印を押します。

それができていない子は、残ってやっていきます。そのときに、いちいち全部見る必要はないんですね。

> その単元の一番ややこしい問題を2つか3つパッと見ればいいんですよ。

そうすると、そういうことをほとんど抜かしちゃう子がいるんですよ。

線でこうきちんと引きなさいだとか、難しい問題をやってないだとか、その一番

難しい問題をチェックしてやって、あとはきれいに書いてあればいいんです。
　チェックは短い時間でいいと思います。
　そのことを毎回、毎回やっているうちに子どもたちは、仮に宿題は忘れたとしてもきちんとやっておかなくてはいけない。間違えたところはもう1回やらなくてはいけない。
　抜かしてると、また残されてやらされるんだ。ということが培われていくんです。
　とともに、ノートの書き方と関係しますけれども、割り算なら割り算ができなかったときに、大きなバツをつけて、割り算の場合はもう1つ新たに書かせるんです。
　決して消しゴムを使ってグチャグチャやっちゃいけない。
　ですから私が教えている4年生の子どもたちは『ノートにバツがたくさんついている子ほど勉強ができる子』です。
　教室でできない子ほど、コチョコチョッとそこだけ消して直そうとします。
　間違ったっていいんだ。それをもう1回ちゃんと書き直してやりなさい。
　それから『補助計算』もそうです。割り算はかけ算が入りますから「かけ算を横に正式に大きく書きなさい」と言います。補助計算をきちんと書いている子ができる子なんです。勉強できない子はそれを暗算でやろうとするんです。
　だから何回も言ってやる。「暗算でしなくていい。割り算に出てくるかけ算は横に大きくちゃんと書いてごらんなさい」と。
　そういった学習方法をちゃんとシステム化するという必要があって、光村から、『あかねこ計算スキル』として発売されています（発売以降、大人気）。
　これは、今言ったシステムをいれた日本で最初の教材です。
　なぜか『ザ★作文』を算数の啓林館から出し、『あかねこ計算スキル』を国語の光村から出したんですが。見本を持っていって参考に見てください。

Q4　ノートチェックの方法について教えてください

質問の内容

　チェックをするときに子どもたちが並んでしまわないように気をつけていますが、あっという間に並んでしまうときがあります。そのときは、子どもに正解か不正解を知らせ、教師が丸をつけずに子どもにつけさせます。でも、子どもにとって、教師がつけた丸ははかり知れないくらい大きな意味を持つものです。時間もわずかですから、急いでもつけなくては、と思います。

自分なりの解決策

(1) 並ばないような授業の流れや指示の出し方をもっと工夫する（時間差ができるようにする）。
(2) いくら急いでいても丸はきちんとつけるようにする。
(3) どうしようもないときのみ、（非常手段として）先の方法でチェックをする。

これでよろしいでしょうか。他によい方法がありましたら教えてください。よろしくお願いします。

A 男の子だけいらっしゃいとやれば

子どもは何名ですか。（担任は持ってないんですが、30名前後です。）

「男の子だけ出てらっしゃい」とか「2問目いったら、女の子出てらっしゃい」とか、散らせばいいんですよね。要するに。

Q5 ミニテストの入れ方・させ方について教えてください

質問の内容

『教室ツーウェイ』1995年6月号の中で向山先生は、「ミニテストは、その時間内にサブの教師が採点する」と書かれています。その後、ミニテストは朝学習に移された様子ですが、これまで向山先生は、単独で授業する場合もその時間内にミニテストをされていたのでしょうか。

自分なりの解決策

ミニテストは、たぶんバラプリントのたぐいだと思うのですが、これまで私は、1度もそのようなことをしたことがありません。授業におけるミニテストの位置づけ及びその効用について教えていただければ幸いです。

A 130名中129名が算数が得意になった……

これはですね、学級担任と担任外とずいぶん違う感じがしますね。私は学級担任じゃございませんので、その時間内だけですね。私、授業を延長することっていうのはほとんどありません。チャイム鳴り終わるまでには終了するという形です。しかも放課後残せません。

そうすると、どうしても練習問題が不足する部分か何かあるでしょう。そして、こういった豆テストやりたいんですが……そのかわり計算ドリルは、やりませんでした。計算ドリルをやらないでこれを使いたかったんですね。

これを使って使い初めの頃ですね。向山先生の勉強は。ずっと緊張していてすご

く大変だと言う親御さんの声が何人かあったんですよ。それは、そうかもしれません。

それまでの、要するに3年生、4年生のときのお勉強と比べるとずいぶん大変なような感じがしたんでしょう。担任の先生方と話し合って、じゃあそれは、朝自習に移しますからということで移して、私は大変がっくりして……ですから、途中から、5月ぐらいから始めたんですね。そうすると、全体としてはゆったりしてるけども、やはり計算ドリルでもいいですし……。

私、豆テスト使ったの初めてです。それでも構わないんですが、何らかの練習ということは、子どもにとって必要なことですので、私が授業の中で使うときには採点までひっくるめて5分から6分程度ですね。それで行ったんですけども……。

おかげさまで一番最後のとき、子どもたち、作文を130名くらい書いて、「算数が大好きになりました」、「算数が得意になりました」って、130名中129名書いております。

その作文は全部、私の宝物なので大事なので全員分とってございます。前の先生に若干の批判もありますので、「前の先生に比べおもしろくなった」だとか、「前の先生に比べよくわかるようになった」ということがありますので、先生方には公開しませんでしたが、校長先生には全部お読みいただきましたけども……持っております。

「ぼくは、算数得意になった」というのは、さっき言った「先生、九九いくつ？」なんて、「八九いくつ？」なんて聞いている郡司君なんかも算数得意になった。

大変大好きになった。

Q6 挙手させてから指名するのはOKでしょうか

A 指名のしかたによって子どもが興奮してくる

一応、早くできた子は出てきなさいだから、指名はほとんどないんですよね、あんまり。

で、少しは挙手するか。絵のところとか、すごくやさしいところとか。ま、勉強できない子にあてますね。子どもたちに指名をするときというのは、やさしい問題を手を挙げさせて答えると、子どもはだんだん、だんだん、興奮してくるんですよね。

それはね、はいはい、はいはいって、特に3・4年生なんかそうだけれども、先

生でだめなのは、手が挙がるまで待っちゃうことなんですよ。ずっと待っちゃうんですよ。待つというのは30秒ぐらい。間があきすぎるといやになっちゃうんですよ。子どもは。

3 "個別の指導"のヒケツはどこでしょう

Q1 かけ算九九を定着させる指導の極意とは何でしょう

質問の内容

かけ算九九をはやく答えられるように（2秒で答えられるくらい）したいです。
現在、7×8とフラッシュカードを出したときに、7×1、7×2と前からもどってしまう子が34人中12人います。
この12人を中心に、九九のスピードを向上させるためにどんな指導をすればよいでしょうか。

自分なりの解決策

(1) 100マス計算のやり方で25マス計算をたくさんやらせる（家庭学習で1か月に50回。時々、家の人にタイムをとってもらう）。帰りの会で、制限時間2分タイムをとり、伸びを意識させる。
(2) 授業のはじめはフラッシュカードを使い、毎日くり返す。25マスの学級平均タイムは向上するのですが、2分以上かかってしまう子の意欲が高まりません。「頑張って」というかけ声ばかりの指導を反省しています。

A おすすめしたい「かけ算九九の表」

100マス計算っていうのはご存知ですよね。

これは読売新聞の大阪支社で出されているんですよ。今から30年近く前ですね。それを岸本先生がお取り入れになった。

で、これはこれとして計算がわかりやすいからやるんですけど、全部これに頼る必要はないですね。

おわかりでしょうけど、やっていていやになる子もいるんですよ。

かけ算九九を定着させるというのは、大変困難なことでして。

私、4年生持っていて、かけ算九九をちゃんとやれるという子は十何人です。で、どうするか。（注記：九九の指導は現在、3年生）

かけ算九九の表を持たせるんです。

かけ算九九の表を見て勉強しなさいって。

VI 「算数授業」がうまくいかない—改善ヒント

テストのときも見ていいって。勉強でも、全部見てやりなさい。
そうすると九九の表を見ながらやるんですよ。
そして、わり算でもできるようになるんです。
冷たい教師はね、暗唱してないとダメだって。

かけ算九九の表を見ながらやっていくと、4年生の終わり頃にはほとんどできなかった子ができるようになるんです。使いながらやっていく。

ですから、先生がかけ算九九を全部やりたいのわかりますけど、子どもにはキャパシティがあって、全部入る子とそうでない子がいるんですから。

いいじゃないですか。かけ算九九の表を持たせればいい。仕組みだとかやり方がわかればいい。

再度言います。

熱心なのはわかりますけど、ここだけで全部やろうと思わないで、無理な子に対しては、「かけ算九九の表を持ちながらその勉強をやってごらんなさい」って言うことをおすすめしますね。

Q2 計算の習熟が不十分な子への対応を教えてください

質問の内容

算数の一桁の足し算・引き算でつまずいている子がいます。
指を使わないと計算できないときもあり、5年生の授業の内容は当然理解できません。
授業中には、1年生で使う教科書と学習プリントを用いて進めています。
また、放課後の指導と家での宿題にも、1年生用のプリントを使っています。
よい方法がありましたら、教えてください。

A 自尊心を尊重！「先生の特別問題」に

これ、私が親だったら我慢しがたいです。1年生で使う教科書を使ってほしくない。ただ、1年生でやっている内容をやるのならかまわないです。算数ができない子ができるようになることは大変大事なことだけども、もっと大事なのは、その子の「自尊心」だと思います。

自尊心というのは、どの人間にもあることです。それは、生きていくことの基本です。教師といえども、親といえども。その自尊心は奪ってはならないものです。

私にもできない子がいましたけれど、それはちゃんとノートに書きましたよ。子どもが持ってくるノートに書いてやる。

やっていることが違うのはみんな知っています。知っているけれども、これは「先生の特別問題」。

先生の特別問題という出し方と、1年生の教科書とでは違いますでしょう、受け止め方が。そんなことイージーにしちゃだめです。許しがたいです。

それは熱意であり誠実であるということは、ちゃんとわかっているんですよ。大変わかるけれども、それでも許しがたいです。

ですから、ちゃんと書いてやって、それで先生が丸をつけてやる。その子とつき合う他はないんです。大変大雑把な足し算から始まるんでしたら、繰り上がりがないやつから始まって繰り上がりができるようになる。

私が教えていた前の4年生、「17＋6」とかそういうのをちゃんとできるようになって、翌日になるとちゃんと忘れるんですよ。その忘れるのは1か月ぐらい続きました。

何でちゃんとできるようになってまた忘れてくるのか。

でもその子は、一位数の割り算はできるんです、「4365÷7」、そのぐらいの問題ならば。

指導は、1年間で授業中だけです。

整数の加減乗除ができればやっていけるだろうというふうに、ねらいを定めた方がいいです。せめて足し算。それができれば足し算引き算、あとかけ算は表を使いながらわかる。

Q3　10までの足し算ができない子の指導はどうしましょう

A　10までできないのは5までの分解ができないのだ

● 足し算は全部で100問

これ、10までができないのと5までができないのと別個なんですよ。あのね。足し算というのは全部で100問あるんですね。かけ算九九の表を思い浮かべればいいんですね。0から始まって、1、2、3、と。0たす0が0から始まって。これが特別だから別個の形で教えるというのが数教協ですね。それは遠山先生は遠山先生の主張があるんです。全部で100問なんですね。

で、裏表がありますから、ま、裏表同じと考えれば、50問です。

で、まんなかに足して10になるところができるんです。6＋4だとか4＋6だとか。これ繰り上がりがあるって言うと、繰り上がりが13とか18になるとか。そしてこ

VI 「算数授業」がうまくいかない—改善ヒント

の間に足して5になるところがある。2＋3とかです。

で、それ以下と、で問題をつくるとa・b・c・d・eの5タイプなんです。

これに0を入れると6タイプ。

だからただ「一位数＋一位数」と言ったって6タイプがあってそれをどういう順番で教えて、どのような形でやるのかというのが算数の指導のロジックなんですね。

出鱈目やったというわけではないんです。

で、今聞いた質問というのは10までの計算ができないという言い方でしょうから、ここまでのことができないんですね。

すると、ここ（10）までができないのか。それとも5までの分解ができないのか。

それとも、5までもできなくてここなのか。そうしますとレベルaですね。

そうするとレベルaができないっていう、これは、体験に基づいた数の操作をしてないんですよ。

●10までと5までができない違いとは

ちっちゃいときからリンゴを数える、みかんを数える、お菓子を数える、お茶碗を2つそろえてだとか3つそろえてだとか、そういったことをやってませんから。

もちろん、そういったことの理解力が弱い、知能の低さがあるかもしれませんが。

それは飛び越すことは不可能、無理なんですね。

そのことをやる他はないです。

つまり、具体物で直接操作するという体験の積み重ねが必要なんです。

それをご家庭でしてもらう他ないです、先生が言って。先生もやる他はないんです。

ちなみに言いますと、そういった具体物・モノをやって、次にそのモノの計算というときには「同じ種類のものだけを計算する」というルールがあるんですね。

これもわかんない子がいると、またレベルが違うんですよ。

例えば、こういうふうに持って「いくつですか」と聞いたら2本でいいですね。色が違いますがこれはチョークです。同じチョークですから2本。

あるいは、こういうふうに長さが違っても、いくつありますかと言ったら2本と答えますね。

でも、こうなったら2と言いがたいですね。「1と1」と答える他はない、種類が違うんですから。

ですから、同じ種類のものを数えるということがありますから、算数の教科書の一番最初には必ず「チューリップはチューリップ」でまとめてみようというのが出てくるはずなんです。

●具体物から半具体物へ

　ウサギさんはウサギさんで枠とってみようとか。
　つまりそれは「数」計算ということの出発点なんです。
　同じ種類のものしか数えられない。それが小学校数学の出発点となっていて、ウサギさんとかチューリップとかもので数えるんです。
　そのモノで数えるということをやった上で、今度はこのモノに他のものを置き換えるわけです。通常はおはじきを置いたりタイルを置いたりします。ま、何でもいいんですが。
　かりに1匹だから、おはじきを1個置いてごらんなさい。
　で「これはウサギさんは3匹ですね」と言っておはじきだけを持ってきて「これが3ですよ」というのが次の段階ですね。半具体物と言いますが、半具体物になるんですよ。
　そして、この半具体物に3という数字を与えて、これを3とよぶのです。
　それは3つという意味があるのだ、これが次の段階です。
　それぞれレベルが違っているわけです。
　で、さっきの質問はこの段階の問題なんです。
　何でもそうですが、教育というのは飛び越えることができません。
　飛び越えたところは必ずもう1回やり直さなければならないんです。

●スキンシップの大事さ

　スキンシップが駄目で、そのことが大人になって、もう1回やり直さなくちゃならないということがたくさんあります。
　大人、高校生ぐらいで登校拒否になって、その原因が例えば幼児期の乳幼児期の親の愛情、スキンシップの不足だという場合がありうるんですよ。で、高校生が乳母車に乗っちゃうというのがあるんですよ。
　乳母車に乗って、それをお母さんが押してやってという場面だってあるわけです。
　飛び越えたっていうのはもう1度やり直す他はないんです。教育というのはそういうものです。
　ですから、その意味では変に急がせて飛び越えさせず、そのときそのときのことをちゃんと通過させなくちゃいけないということなんです。

Q4 引き算をできるようにさせる方法を教えてください

質問の内容

　足し算はできますが、引き算ができない子どもがクラスに何人かいます。
　私は教師2年目で、今年初めて1年生を担任しました。昨年度は専科でした。
　しばらく学校を休んでいた子どもが、親に連れられて学校に来ました。休んでいた理由をきくと「引き算がわからないから学校に来るのがいやだ」と言っているのです。
　この子にはどのような指導をすればよいのでしょうか。
　引き算をわかるようにさせる指導法を教えてください。

A　できなくてもいいという教室環境にしよう

　引き算をわかるようにさせる指導法を自分で勉強して工夫するのが先決ではないでしょうか。

　書いてあることでいくつか気になることがあるんですが、引き算ができないから学校に来るのがいやだ。この子とってもかわいそうですよね。

　普通、できてもできなくてもいいよというような感じの教室の雰囲気ならば、こんなことはたぶん生じないだろうと。学校にはできない子もたくさんいますから。

　次に、本当に引き算がわからないから学校に来るのがいやなんでしょうかね。7月ですと、私はまずプールの水がいやだということを考えますけれどもね。結構いるんですね。水がいやだっていう子。水がいやだっていうことを言えないから引き算ができないから……ということかもしれません。ちょっとわからないですね。

　だから、そういったことがわかるような……例えば、子どもが「いやだ」と言っているけれども、本当はこうなのかもしれない、こういった状況があるかもしれないというふうに、教師がその子のことをもっとよく見て、見つめてやるということが必要なんじゃないでしょうか。子どもは自分が思ったことさえうまく言えないですから。

　次に、引き算をわかるようにさせるということは、要するに引き算という概念ができないわけでしょう。

　頭がよくなるということは、水野先生の幼児教育の専門でしょうけれども、頭の中にいろんな脳細胞があって、脳細胞のネットワークができあがる。例えば、これが「足し算」というネットワークだとすると、その周辺に「引き算」というネットワークができる。こういった形で細胞同士のネットワークができていく、密度が濃くなっていくということが頭がよくなるということですよね。

　百人一首なんかを覚えさせるときにおわかりだと思うんですが、一番大変なのは、

最初の第1番目を教えるときですよね。百人一首などそもそも知らない。短歌そのものがわからないというのが一番抵抗があって大変だろうと思います。

　それはなぜかというと、頭の中に百人一首を覚えるネットワークが全然形成されていないからですね。その中に百人一首の第1番目のネットワークを形成させていく、これが一番抵抗感がある。2枚目、3枚目というのは比較的楽で、10枚も百人一首を覚えれば、残りの90枚は簡単に覚えていくんです。

　このようなネットワークは、ある種の刺激が繰り返されることによってできるわけですから、刺激が大事です。

　そして、幼児教育の場合は、それが気持ちがいい状態、気分がいい状態、大人もそうで、いやいややったのではネットワークが形成されないのだそうです。「いや」というネットワークが形成されるだけで、学習に対する拒否反応のネットワークが形成されてしまう。そういう脳の中に引き算ができるという概念、ネットワークが形成される必要があるんです。この子は、引き算という経験がたくさん不足しているんですね。具体物を使い、半具体物に移行し、そして、文字、式、数字という形の中に進展していく、ということを今からでもとってやるということが基本の方法です。

Q5　算数の問題ができない子どもへの指導はどうしましょう

質問の内容

　算数の教科書の問題に✓印がついているか、そして、ノートにちゃんとやっているかをチェックしています。

　やっていないところがある子は不合格になるわけですが、他の子は次々にチャレンジして合格になっていくのに、不合格のままでいっこうに平気な子が4〜5人います。

　こういう子にはどのように指導すればよいのでしょうか。

① 　合格するまできちんとさせる（休み時間に教師がついて……等）。
② 　「合格するまで頑張ろうよ」と声をかけ、続ける。
③ 　その他。

A　「追いつめない」も教育のうち

　①をやるのです。②もやるのです。そして③のその他もあるのです。どうしてもできない子のときは見て見ぬふりをする場合もあるのです。

　とことんまで追いつめてはいけないことも教育の場面ではあるのです。

　何回もやらせますけど、本当にできない子もいるわけですから、とばしてしまう

こともありうるということです。それは決して悪いことではないと思います。
　教師のやるべきことをやらずにとばせと言っているわけではないです。それは当然やるべきなのです。全部の問題の答え合わせをして、全部見てやる。そういったことをやった上で、たくさんの子を預かっているわけですから、先ほど言ったようなことがあるということです。

4 "その他モロモロ"指導のヒケツはどこでしょう

Q1 定規の使用を徹底させるにはどうしたらよいでしょう

質問の内容

　算数の時間で定規を使うということを向山先生に教えていただき指導しています。
　しかし、なかなか徹底させることができません。
　私が定規を使おうと言うとできるのですが、何も言わないと使わない子が多く出てきます。

A 何回も何回もやらせるしかない！

　これ、当然じゃないんですか。こういうふうになりません？
　だからいいんです、このままで。何か、ちょっと教えるとすぐ子どもってやるように思っているんですね。
　田園調布中学校で、椅子を入れるってことを学校ぐるみで取り組んで、その椅子がちゃんと入るようになったのに1年4か月かかったといいます。
　じゃあ、定規を使うっていうのが、ちゃんとできるようになるためには、向山学級で、まあまあできるかなって思える程度で、要するに70点ぐらいの点数の状態になるのに1年間かかりますよ。
　定規のこと言いましたが、算数のときイコールとか何とかちっちゃな定規で使えるようになる。
　これはいうなれば、力ある教師というんでしょうかね、附属の教官だとか。私学の有名校の花形だとかの教師が持った隠し技なんですね。必ず定規を使います。
　点数に換算して、10点から20点高くなる。それは、文字がきちんとし、数字がちゃんとし、それでちゃんとなるんですね。
　計算問題なんかを見るとおわかりでしょうが、間違うのは、小さい字でぐじゃぐじゃぐじゃぐじゃ書くからなんです。ずれるからなんです。

きちんと書くという習慣がつけば、それさえあれば、点数に換算して10点20点必ず上がります。

Q2 「速さ」を求める文章題の指導法を教えてください

質問の内容

　5年算数「単位量あたりの大きさ」の単元の中の「速さ」のところです。私は、はじめに次の問題を出しました。簡単な絵も描きました。

> 阿波山川（あわやまかわ）駅から阿南（あなん）駅まで60kmあります。列車（れっしゃ）で2時間かかります。この列車の時速は、いくらでしょう。

① この問題で、「きょり」はどれで、「時間」はどれか、指でおさえて確認した。
② 「速さ」の定義を言い、ノートに書かせた。
③ 「時速」の定義を言い、ノートに書かせた（なお、「時速」の単位は、〇〇／時と書くことを教えた）。
④ 問題を解かせ、ノートを持ってこさせた。

　これ以降の展開は、この問題を「きょり」を求める問題に書き直させて解かせた。次に「時間」を求める問題にして解かせた。ここで、次の公式が導かれることを確認した。
　①きょり＝速さ×時間、②時間＝きょり÷速さ、③速さ＝きょり÷時間。
　この後で、「時速」を「分速」に変えたり、「秒速」に変えるにはどうすればよいか考えさせました。
　「速さ」を教えるときは、いつも煩雑だなあと思っています。何とかシンプルに教えられないかと思っています。
　向山先生、「速さ」の授業はどうすればいいでしょうか。教えてください。

A 文章題を計算問題にすり替えるなんて！

　（質問者が、Qの①を読み終わったとき）はいわかりました。全然ダメです、これは。まるっきりダメです。

　これ、計算問題になっちゃいますよ、こんなことやったらば。「何とかっていう数字はいくつですか。何とかはどうですか」って確認しちゃうと、それは文章題じゃないんですよ。それは計算問題と言います。全然、力つきません。

　これは、問題やって聞くとするんならば、「何を答えるんですか」と全体のイメージを子どもに言わせる他ないです。そうすると、「列車の速さを言うんだ」「どれぐらいの列車の速さか」っていうことを子どもが全体のイメージで言います。

　そのイメージを描かせて、そして、答えさせていくのが「文章題」。1つ1つ数学がわかってそれをやるのは、それは「計算問題」。石田先生が再三再四、何回も繰

り返して言っていることですね。文章題を計算問題に切り替えちゃってそれでいいなんて思っちゃってんのがいる。ダメなんですよ。これは、はなから、一番最初からダメです。

Q3　文章題の理解度が低いのは授業が悪いのでしょうか

質問の内容

私のクラスの子どもたちは、算数の文章題の理解度が非常に低いのです。練習問題を多くやらせていますが、よくなりません。
やはり一斉授業のやり方に問題があるのでしょうか。

A　10問出して1問だけやらせるシステムを！

問題があるのだと思います。それしか言いようがありません。
文章題ができるようになるためには、どういうことが必要かということはいろいろな研究がされています。
私が考えたシステムで、

> たいへん難しい問題を10問印刷して、その中から1問だけ選んでやりなさい。2問も3問もやってはいけません。1問だけしなさい。

というのをやりました。
これはみんな熱心にやりました。かけ算もろくにできない子どもも、この算数の問題はおもしろいと言ってやっていました。ですからそういったこととか、その他のいろいろなことの取り上げ方が必要になると思います。
理解度が非常に低いということを感じるのは、たぶん、「これは何ですか」「この数字はどうですか」というように子どもにしつこくいろいろなことを先生が教えようとしているからではないでしょうか。
大切なのは、「どんなことを言ってるのですか」「これはどういう場面ですか」ということを、「かんたんに言わせる」ことです。例えば、「買い物をしたおつりを聞いています」というようにです。
まず、それをやるのです。
それなのに「どんな式ですか」とか「大切な数字はなんですか」と聞く人がいます。
これでは計算問題と同じになってしまいます。

VII 「理科授業」がうまくいかない―改善ヒント

Q1 ノートのまとめさせ方はどうすればよいでしょう

質問の内容

「植物の発芽」のところをノートにまとめさせたときにうまくまとめられる児童とうまくまとめられない児童がいたのですが、どのように指導したらよいノートになりますか。

自分なりの解決策

「観察」や「実験」について、それぞれの観点や見出しについて、最初は教師が示してやる。そして、うまくまとめている児童のノートを紹介する。

A 書いていない男の子のノートを出させる！

●見開き2ページがキモ

　理科のノートのまとめさせ方をどうするか。先生が例示されるというのもあるのですが、私は繰り返し繰り返し自分の本の中で書いてるんですが、ノートの取らせ方っていうのは、私は理科の場合ですと、見開き2ページで1つの項目を書くんですよ。

　例えば、植物の観察なら植物の観察、見開き2ページですね。それがダメだったら4ページなんです。これは妥協しないで。3ページじゃダメなんです。見開き2ページか4ページ、子どもたちは書いてきます。

　中にはとても上手に書いてくるタイプの子がいるわけでしょ。そうすると、

「すばらしかったね。こうやって書くんだよ」

「先生、色ぬっていいの？」

「もちろんいいんだよ」

「教科書写していいの？」

　ですから私のクラスの理科のノートっていうのは、みんなバラバラなんですよ。みんなバラバラだけど、みんな上手ですよ。きれいですよ。

　ですから、ノートに対するイメージが違うんですね、たぶん。

●実験図に書いてあるものだけ貸す

　それで理科というのは2時間続きの実験が多いじゃないですか。私が一番最初に書かせるのは、ある簡単な実験があるとするときに、「これから教科書を読んで4人のグループごとに実験図を書いていらっしゃい。そこに書いてある物は全部貸し

出します。貸してあげます。ただし、書いてないのは1つも貸しません」

たったそれ言っただけで、子どもたちは必死になってやるわけです。それで、例えばその実験図を書いて、貸してほしいもの、①何とか、②何とかと書いてくるわけですね。

それで、この後4人持ってくるわけです。普通、最初に持ってくるときは、その中の賢そうな女の子が書いて、男の子は書いてないもんなんです。で、一番最初に全員書いてきたかと言うんで、何も書いてない子のノートを出させる。

「ああ、何も貸さなくていいんですね」

「いや、そんなことない」

「先生はみんな書いてらっしゃいって言ったんだから、貸さない」

って言うと、慌ててかえって、女の子が叱咤激励して男の子に書かせるわけです（笑）。そうするとその書かざるを得ない。貸してくんないから。

今度は全部書いてきた。全員書いてきたのを見て、

「これでいいんだね。もしか書いてなかったら先生に謝ったってダメだよ。ここに書いてあんのは、全部貸す。間違いなく。でも抜けてて後から貸してください、なんてのは貸さない、絶対ダメだよ」

「先生、待ってください」（笑）。

もう1回戻るわけです。もう1回戻って必死になって。

例えばマッチだとかね、マッチのもえさし入れであるとか、けっこうあるわけですよ。そういうのを探してきて。中にはね、そうすると水なんてのがいて「水を貸してください」なんて、そんなのまで（笑）。

でも、そのぐらいまでいきついていいんです。そうするとね、おわかりでしょうけど、理科の実験図、やりたいのが書いてあるんです。図が書いてあって、必要なのが番号ふってあって書いてある。

そうすると今度はその実験の結果ですよね。楽しんでワアワアなってます。

私は例えば3時間目、4時間目だとすると、12時20分ぐらいで授業終了。12時ぐらいの段階では、もう終わった人は、まとめたところは「グループで片づけていいですよ」と言うんですね。で、まあ。それぞれ班で片づけて、早いところもあれば遅いところもあります。ですから、授業終了10分前、12時10分ぐらいにみんな終わるんです。

● ノートが合格しないと通過できないシステム

大事なことなんですが、そこから先ですが、ノートをきちんとして合格しないと通過できない。4人が全員。

「4人のノート見せてごらんなさい」

ダメなのがあるわけです。何にも書いてないのもいるわけです。これも、もちろん前もって言ってあるわけですね。「実験結果をノートにちゃんと書いてください。思いついたことを書いてください」と言ってるにもかかわらず、そうなんです。ですから、「そんなのダメ」と。全部、班が戻れないわけです。そうするとまた女の子が叱咤激励して書かせるわけです（笑）。「ちゃんと書きなさい」って言いながら。全部きちんと書いた者だけが通過できる。

最初、一番最初からそうなってると、戻れないから、子どもたちはやるようになります。

最初はグループ全体ですけれども、2回、3回と授業するにしたがって、できた子どもは通過させて書いてない男の子だけ残されてる、という状態になるわけです。

とにかくノートにまとめてなければ帰れない。通過できない。戻っていけない。

ですからどうなるか、というと、子どもたちは実験やりながら、どんなやんちゃ坊主も書くようになるんですよ。自分なりに。

そのぐらいやるようになって、やがてきれい、きたないをやりますが、「こんなきたないの全然だめ」「もう1回きれいに書き直し」ですから、だんだん、だんだん、徐々に要求していって、そして、うっとりするような見ほれるようなノートになっていくので、私は社会の場合でも理科の場合でも、そのような進め方をするんですね。

ですから、一気に書けるんじゃなくて、やはりそれは、段階を追って育ててやるわけです。その必要な内容について、そういうふうに思います。

Q2　6年「人のからだ」を貫くポイントは何でしょう

質問の内容

私は、向山実践「2年豆電球」のように、単元全体を通して1つのことを追いかけるような実践を理想としています。

しかし、なかなか理想どおりの実践ができません。例えば6年理科「人のからだ」の単元でいくら教材研究をしても単元を貫けるものは見つかりませんでした。

そこで呼吸→血液の循環のように特に関連の深いところを、1つのもので貫くように授業を構成してみました。

これならば、高学年の単元でも一部可能です。

さて、このような単元構成のしかたで、はたしてよいのでしょうか？

A　人体の「変換」部分を教えよう

人体ね。私はやったことがありませんけれども、シンプルな原理と考えて、そう

するとやっぱりサイクルですかね、たぶん。

　血液という全体の大きなサイクル。呼吸という自然界を含めたサイクルです。そういったサイクルを考えるんですね。そのサイクルは永久運動でなくちゃいけないわけですね。

　人体ですから、ストップするということは死んじゃうわけですから、それは、永久運動という形の原理を持っていますね。

　もう1つ、必ず人体のどこかで「変換」されるという部分も持っているはずですね。

　食料が体に入ると栄養になる。空気が取り入れられれば、それは肺で変換される。そういった部分の変換なんでしょうから、自然の中のそういった大きいサイクルという形の中で人間も何も全体が、こういった動きの中で生かされているんだと思います。

　さらに言いますけれども、こういったサイクルは他にもありますね。

　神経も1つのサイクルですね。全体まで行き渡るんです。

　もちろん。これは授業は難しいでしょうね。ただ、それも考えておくことは必要なことです。

　もう1つはリンパがありますね。リンパというのは全身にやどっているわけですから。

　それから、リンパとは別に、東洋医学によって、ごく最近発見されたものに「経絡」がありますね。「経絡」というのは西洋医学の中では全然発見されませんでした。

　俗に言う「ツボ」のことですね。顕微鏡でも見えないような全体の流れがツボからツボへつくられていって、そこにある種の物質の移動・流動があるわけです。『北斗の拳』なんかそこからきているんでしょう。経絡もそうですね。

　という、全体をめぐる幾つかのことがありますが、その中で呼吸・食料・血液などは、サイクルという形のごくシンプルな永久運動である。そしてどこかで変換が行われる。人間の体の中でですね。後は個々の細かい1つ1つの機能の働きになってくるんだと思います。そういうふうにやったらいいと思います。

Q3　理科専科で一番大事なことは何でしょう

A　一番大事なのは「モノ」を準備すること

　そんなことよりも一番大事なのは物を準備することだよ。教材・教具を買う予算

会議で、絶対それを通すことだ。それは絶対優先させる。子どもたちが実験するための用具がそろっていて、持っていけるかどうかですよ。それだけでいい。

　ビーカーから試験管から何からね。最初でしょ、予算の会議なんていうのは。ちゃんと調べてどういうところに必要だとか、そっからですよ。現在ある器具を調べて、それが使えるか使えないか。導線の種類はこれでいいかとか。豆球の種類にいたるまで。

　とにかくね、理科は、ものを用意する、ブツを用意する。それは、全力をあげてやらなくちゃいけません。

Ⅷ 「音楽・図工授業」
がうまくいかない—改善ヒント

Q1 低学年の歌唱指導のポイントはどこでしょう

質問の内容
　1年生を学校公開で合唱発表できるくらいの力にしたいです。
　学級全般の声の質、声量はあがってきました。歌唱指導の先生からは、「あとは個別に引き上げることが大切ですね」と言われました。

自分なりの解決策
(1)　観点を1つにして全員に1人ずつ歌わせ、評価していく指導を繰り返していく。
(2)　低学年なので全員で楽しく歌わせることを基本にし、歌の後でよかった人をほめる指導を繰り返す。
(3)　声の出ない子、歌えない子を別に集めてできるまで練習させる。

A 「今度は君たちだけでネ」

　先生、ピアノ弾けます？　できない。私と同じですね。ちょっと出てきて合唱指導してください（実演：あいさつの発声練習の後、『さくら』の始めの部分を歌う）。
　はい、わかりました。とても上手ですねえ。私の方がへただと思います。
　『さくら』いってみますか。『さくら』っていうのは、外国と交渉するときに絶対歌うんですよ。その場で歌えなかったら恥になりますから。
●実演
　T　さんはい。　　C　さくら〜
　T　もうちょっときれいな音がここまで（手のひら）に届くような感じで。
　T　さんはい。　　C　さくら〜
　T　はい。こっちの方がきれいですね。
　出だしの部分をどうきれいに合わせていくかが第1のポイントなんです。
　もうちょっと言いますとね。かまてん、かまたんざぶろうが少年合唱団で、『エーデルワイス』を教えるとき、「エ」だけで1時間教えますよ。出だしだけで。「エ」だけが教えられれば、ほぼ合唱の半分は完成だと言われます。
　ですから出だし。私は耳が悪いのでよくわかりませんけど、半音違ったりずれていたり。でも、その部分だけきれいだったら「きれいだねえ！」と言いますね。

もう1つあります。1年生だとないかもしれませんが、5、6年生だと歌わない子が出てくるんです、必ず。そんなとき、きちんと歌った子を座らせて、「○○君、○○君、○○君、声聴こえなかったから、今度は君たちだけでね」と言ってその子たちだけ絶対歌わせます。最初、べそかいてもやりますよ。そういったことはしなくて、本当は楽しみながら歌えるだけの力があるならそっちの方がいいですよ。今のはちょっと強引ですけど。でも、高学年で歌わない子がいたら、そこだけブラックホールになって全然駄目になっちゃいます、合唱は。

Q2　右手を使えない子の**リコーダー指導**を教えてください

質問の内容
　音楽の時間、合奏をさせているが、学級に右手を使えない子がいます。手が不自由なのではなく、リコーダーの下端を右手で押さえないと支えられません。どう指導すればよいですか。

自分なりの解決策
(1)　「ミ」と吹くべきところを「ソ」に変えて、「ファ」と吹くべきところを「ラ」に変えるなどして演奏させている。
(2)　メロディーは若干変わるが、ソからレまでの音だけを使って吹けるようにさせている。

A　性急に直したりしない

　あなた、いいじゃないですか。いいと思います。私よくわかります。あの指をつけないという子もいるんです。途中まで持ってっちゃって、普通ならできるのにそれでもできない。音が出るまでが大変だ。

　きっとこの子は、何か以前教室でこちらできちんと持っていないと音が出ないとか何かあったんですよ。強迫観念か何かあってこちらだけでも形だけ音が出るからとやっているんですよ。

　そのことを隠すためには、その子にとっては、深い傷跡か何かということもある、フォローが出てくる。

　ですから、先生の基本的な考え方としていいじゃないですか。いいじゃないかということを基本において。その上でちょっとだけやってみるかと、簡単にドと押さえてみるかだとか、あるいはこちらにいって、ここだけ押さえてみようかだとか、ということをやっていく。性急に直したりとかしなくていいんじゃないですか。先生がこれでいいんだと思って、そこからのご指導が基本だと思います。

Q3　楽器演奏テストを全員参加にする方法を教えてください

質問の内容

　歌やピアノのテストのときに、立っている、終了した児童をどうするかということを考えました。

　昨年度は、音楽のワークブックがあり、待ち時間にさせていました。

　しかし今年度は、せっかく友達の歌、笛を聞く機会があるのだから聞かせたいと思いました。

　そこで、立っている児童に、「どうしたら歌がうまく歌えるようになると思いますか」という課題を与え、口の開け具合、声の大きさ、姿勢、技術の4項目を与えました。テストを受けている以外の児童が、テストに参画するにはどのようにすればよろしいでしょうか。お教えください。

A　テストを受ける以外の子は参画しない

　テストを受けている以外の児童が、テストに参画するということを考えないのが一番いい。そんなことは考えない。

　この流れはいろいろありえるわけですよね。例えばワークブックがあるんだったら、「テスト終わった人はワークブックをしてなさい」。そういうことはありうるでしょう。

　それから、もっと違って「これからテストをやりますから、それまでは練習していいよ。練習してうまくなった人から来なさい」ということならば、待っている間は練習せざるを得ないわけですから、必死になって練習するわけでしょう。

　で、テストを受けに来る。ワークブックが終わった子に対しては、それは本読んでてもいい。要するにそれは、受けに来るという段階をすでに終わっているわけですから、こういうことはありうるわけですね。私なんかもそういった方法やっています。

　ですから、テストを受ける以外の児童もテストに参画するということを考えない方がいいというふうに私は思います。

Q4　絵の評価はどんな観点ですればよいでしょう

質問の内容

　学校で絵の評価についての研修会をもちました。1枚の絵を、それぞれの先生がA、B、

Cと評定し理由を書きましたところ、どの先生の評定・理由ともまったくバラバラなのです。一体どの評価が妥当なのかわからなくなってしまいました。
先生は、絵の評価はどのような観点でどのようになさっていますか、お教えください。

A 作業量の多い絵を良しとしていました

このQにあるような研修会を、やった経験のある人はいるでしょうか？

私は。二十数年前、大森第四小学校時代に経験しています（やってない人は、ぜひやってみてください）。

1クラス分の絵を用意します。絵に番号をつけ、1枚ずつ見せます。教師は手元の紙に、A、B、Cの3段階をつけます。後で、その結果を発表するのです。

見事にバラバラでした。

あまりにも印象的なことだったので、今でも覚えているのです。

ある先生がAと評定したものを他の先生はCと評定するのです。

「通知表とは何なのか」と、迷ったものでした。

東京では高学年になると図工専科になるので、私はあまり絵の評定をしたことがありません。下学年のときには、次のように基準をつくって評定していました。

第一は、そのときのテーマにあっているかどうかです。

「たくさんの色を使って」とか「大きくはみ出すぐらいに」というテーマがあるわけですが、そのテーマに沿っているかどうかということです。

第二は、完成度です。

よく、半分以上が白地のままの作品や、線だけで描いた作品がありますが、これはまだ完成しているとは言えません。完成しなければ、休み時間などにやっていいのですが、それでも完成度に差が出ます。

第三は、作業量です。集中して時間をかけたものと、短い時間でやったものには差が出てきます。

「おもしろさ」というような基準では、どちらとも言いかねるのですが、私は作業量の多い方を良しとしました。

第四は、前のことと関係ありますが「ていねいさ」です。

クレヨンがはみ出しているものより、きちんとぬってあるものを良しとしました。

第五は、大胆な作品です。

大胆に、自分の描きたいものを押し出してくる作品を良しとしました。

私は以上のようなことを基準としました。「絵がうまい」「感覚がいい」ということは、取り上げませんでした。

これは人によって違うからです。そのことを子どもにも、親にも説明しました。

Ⅸ 「体育授業」がうまくいかない—改善ヒント

Q1 授業のはじめに短時間でできる運動を教えてください

質問の内容

体育の授業のはじめに体力づくりとして、馬跳びやのぼり棒などをセットにして、やっています。

他に、継続的に力をつけるために、短時間でできる運動がありましたら教えてください。

A 50種類はあったほうが……

たくさんの種類を次々とやるのがいいです。50種類程度あるといいです。

例えば、準備体操が終わったとします。

「さあみんな、どこでもいいから、ぶら下がって、30数えたら走っておいで」と言います。戻って来たら、私の手をポンポンとたたいてと言って、順番に並ぶわけです。

今度は、その次に、

「次に、間に線があります。パンパンと足の裏をあわせて、10回やったら、戻っておいで」

そういうことをさせる。

あるいは、どこでもいいから立っているところを10回まわっておいで、というふうに種類をたくさんやるんです。

次から次へとやればいいんです。考えればいくらでもあります。

Q2 ラジオ体操を全校指導するにはどうすればよいでしょう

質問の内容

運動会に向けてラジオ体操を全校指導することになりました。与えられた時間は、15分間が2日間にわたって計30分間ほどで、事前に各学級では指導してあることになっています。

短時間でラジオ体操を指導する方法を教えてください。

自分なりの解決策

行った実践：13あるラジオ体操の1つ1つの運動から、2つずつをピックアップした（2日間で計4つの運動）。

全体の流れとしては、
① 全員でテープに合わせてまず最後まで通す。
② ピックアップした体操の指導。

A 運動の基本型は「つま先立ち」

（2番目の手足の運動を質問者にやってもらった後）

これね。2番目の手足の運動が一番難しいんです。かかとは一瞬つくだけなんです。「1、トン」「2、トン」の「ト」の部分しかついちゃいけないんです。「トン」の「ン」までついちゃいけないんです。

ですからこの運動の基本型とは、つま先立ちなんです。で、このことを指導できる教師がどのくらいいるかというと、だいたい100人に1人なんです。ですから手足の運動を指導するんなら、今の場面を指導しなければならないんです。これは極めて難しいんです。

ラジオ体操の半分をきちんと指導できれば、どこの学校でも体育主任が務まります。

1番目の背伸びの運動は、背筋を伸ばす運動です。

「1、2」で両手を上げて、天井から体を吊り下げられている状態になってください。そして、そのまま「3、4」と下ろします。これが背伸びの運動です。ですからこの吊り下がった状態になんなくちゃだめですね。

で、一番最後は、深呼吸ですから、手を上げて胸からいっぱい空気を吸い込んで、ゆっくり吐き出したら、こうなります（実演）。

手足の運動を指導できるというのは、相当の腕がいるんです。

ということで、一番無難なのは、1回目流して、で、2回目も流すんです（爆笑）。ほめて、ほめて。そのときは大ざっぱでいいんです。「指先をきちんと伸ばそう」とか、ぐちゃぐちゃ言わないで、楽しくやるのは大変大事なことです。その中でいくつか指導するところがあったら、体育部の年配のまじめそうな先生に聞くといいですよ。

今勉強したこと（ラジオ体操の指導）は、ずっと教師を続けている間使えることです。がんばってください。

Q3 ジャングルジムがこわい子の指導法を教えてください

質問の内容

ジャングルジム遊びをやったとき、3段目ぐらいまでしか登れない子がいました（1年男子）。手足を少しふるえさせ、やっと登ったようです。
どのように指導したら、恐怖心を取り除くことができるでしょうか。

自分なりの解決策

(1) 一緒にいて、見守る。
(2) 横歩きやぶらさがりなどをやり、前日より1段でも登れたらほめる（その子は外遊びがあまり好きではないので、誘うまでにも苦労します）。

A 向山は「閉所恐怖症」……

これ、原因は何だと思いますか。（外遊びは少ないのではないかと思いました。）
閉所恐怖症、向山は閉所恐怖症なのですが、高所恐怖症とか、逆さ感覚に対する恐怖症とかありましてね。それは小さいときにそのことを通過していないのです。
ですから、お父さんが高い高いするとか、下にぐるっとやるとか、たぶん高い高いとかそういうことをしてないんですね。そういったことの感覚を身につける歳がありまして、だいたい3歳前後なんです。

●幼児の発達過程を見極めよう

幼児教育のことでちょっと言いますと、例えば、よく私、例に出しますけども、子育てされている方ならおわかりでしょう。3歳から4歳にかけて、毎日毎日決まったことを繰り返してやる時期があります。夜になると同じまくら、同じ寝間着。同じぬいぐるみ、同じタオル。

それが汚れていようと何しようと、変えようとすると、「うわーん」と泣いちゃう。保育園への道筋、同じ道を行って、同じところに立ち止まって、同じ動作をする。本当に決まり切った動作をやる時期があるんです。

ほぼ1年。その行動について、一番初めに気がついたのは、フランスのモンテッソリですけど。それは、神様が一生のうちで子どものうちに1回だけ与えてくれたチャンスで、物事を順序よく学習していく時期なのです。その時期に親の都合でぐちゃぐちゃにしてしまうと、物事を順序よくしたりすることなんかがだめになってしまう。それは物事の順序ですね。

と同じように、3歳から4歳にかけて、汗びっしょりになって遊ぶ時期があるんです。汗びっしょりかいて、子どもたちが汗だくになって遊ぶ時期が。そのときに、

汗びっしょりになって遊ぶということがほぼ1年間続きますが、そのことをやらないと、その人間は生涯全力を挙げてのスポーツができないのです。全部自然に体をセーブしてしまう。

　逆さ感覚とか、なんかもそう。通常父親とかが、こういうところを持って、高い高いとか乱暴にしますけども、そのことが逆さ感覚、その他様々なことにかかわってきます。たぶんこの子はこれがなかったか、極めて不足している。これは、一気に取り戻すというのは無理です。少しずつやっておくほかないですね。

● 発達課題はいくつになっても

　発達課題と言いますが、その歳々での発達課題というのは、何歳になってだろうと、それをもう1回やるほかないのです。ですから、不登校か何か、カウンセリングで赤ちゃんがえりする場合があります。お母さんにべたべたしたり、極端な場合、哺乳瓶を持って乳母車に乗るような子だっているんですよ、小学校5、6年生で。赤ちゃんがえりしてしまう。それは、一番大きいのは赤ちゃんのときにスキンシップ、それが不足なんですよ。そのことについては、何歳になってもやり直すほかないのです。じゃないとそのことをできない、人間の成長というのは。

　ですから、これも同じです。上に登るというのが大変だったら、何回でも何十回でもつき合ってやる。1段でも2段でも、高いところでなくていいから。ということを先生の代からその次の代もその次の代もやっていく。

Q4　鉄棒の前回りおりの指導法を教えてください

質問の内容

　鉄棒の前回りおりができない子が学級にいます。
　何とかしてあげたいのですが、どう指導してよいかわかりません。よろしくお願いします。

A　つきあってやっていく以外にない……

　でんぐり返しができますか。（はい。）
　後ろはどうですか。（できません。）
　後ろはできないのね。（はい。）
　後ろでぐるっと回ってちゃんと手を持ってる……逆さ感覚がきちんとできているっていうことの判断は、後ろで……まあ、前ができたら、多少できてるというふうに判断するんですけども、後は、手を使ってそのまま回るという体験がないんです

から、これ体支えてやってなくちゃだめですよね。

怖いですよね、「やってみろ」じゃ。先生が持ってやってぐるっと回ってやって、前回りおりですから、「手を持ってやってんだよ」、何回もやって、要するにさっきの文章が書けない、あるいは計算ができないと同じなんですよ。つき合ってやって、ずっとやってやって、そしてできるようになる。

前回りおりっていうのは、おりる瞬間にキュッと力が入るでしょうから、そこのところできればできるようになると思います。ですから、先生が補助してつき合ってやる。

その次には、やはりもうちょっとそれを安全にするならば、「くるりんベルト」がございます。

あれはさか上がり用だけじゃなくて、俗に言う、「空中さか上がり」だとか「前回り」「前転」「後転」全部に使うためのです。

あれを使って、全体に固定されてますから、前回りおりでも何でも、実際、危ないことないですね。そういった補助具を使ってやるということだと思いますね。

あのさか上がりの「くるりんベルト」ってのは、ずいぶんいろんなところで反響がありまして、あれやって、ほっとくだけで子どもがやるようになって、楽しんでできるようになったと聞いております。

Q5 縄跳びの補助運動はどんな運動を行えばよいでしょう

質問の内容

現在、3年生を担当しています。縄跳びをする前に、跳ぶ感覚を育てるために補助運動をしています。
(1) 丸い輪を並べて、その輪を両足跳びで跳ぶ。
(2) けんけん相撲をする。
(3) 長縄を跳ぶ。
縄跳びの補助運動は、どのような運動を行えばよいのでしょうか。

A 2つの運動が連結しているから難しいのだ

縄跳びの練習は、縄跳びをさせればいいのです。言っている意味が、わかりません。

縄跳びに関連していくつかお話します。

縄跳びというのは、1回縄を回してピョンと跳びますね。健常児には簡単なことなのですが、障害を持った子、運動の苦手な小さな子にとっては難しいのです。

どうするかというと、縄を回して、縄を止めてしまって、自分から跳ぶわけです。そういう子どもがいても、当たり前のことなのです。
　それはなぜかというと、縄跳びをするということは、2つの運動が連結しているわけです。縄を回すことと、跳び上がることです。2つの運動が連結しているので、障害を持った子は、できないんです。
　昔、A子さんがいました。「わが子に、跳び箱を跳ばせてください」と連れてきた母親がいました。
　その子は、「またぎこし」といって止まった状態のまま手をついた状態から跳ぶことは、できるんです。でも、たった1歩だけの助走でできないんです。
　お母さんに「縄跳びが1回できればできるようになりますから、お母さん、縄跳びの練習をしてごらん」と言ったんです。
　母親というのは、わが子にかける情熱はすごいです。家に連れて帰って、毎日、公園へでかけ、河原へでかけ、練習をしました。そのA子ちゃん、小学校4年生でしたけれど、縄跳びが1回できるために1年間かかりました。
　母親があって、毎日練習して、なおかつ1年かかるんです。それほど運動が連結する動作をすることは、大変なことなんです。
　しかし、法則化運動の中に挑戦した教師がいました。
　知的障害を持った子は、縄を跳ぼうとすると、縄を止めてしまいます。ですからその先生は、止められない縄を、ということでフラフープを2つに切りまして、出口を処理して、くるんと回んないようにしました。すると足で止まってしまいます。そのときに足が上がればいいんです。それをどうしようかと彼は熱心に研究し、子どもの後ろに立って、縄がグルンと回ったときに肩をポンとたたいてやる。「肩をたたかれたら、ポンと跳ぶんだよ」と言って、それが跳べたんです。大変なことは、フラフープの縄跳びで1回跳べ、2回跳べ、それが、1週間後には、普通の縄跳びで10回連続跳べるようになったんです。
　成功率が7割なんです。私は、これは革命的なノーベル賞級の研究だと思います。
　今のことは、教師だけが指導法を工夫して初めて克服した壁なんです。
　この後日談があります。高等部の子どもで、体が太って、運動文化を1つも身につけていません。縄跳びを跳べることになったことがその子にとってたった1つの運動文化なんです。うれしくてしようがないんです。毎日やって、2年、3年たつと、70キロのしまった体になりました。それまで100キロあったときは、家に帰ると乱暴して父親の言うことを聞かず暴れていたのが、父親の言うことを聞き、仕事を手伝うようになりました。
　たった1つ身につけた運動文化が、その子の人生、家族までかえたんです。

これは、教師だけができるのです。

もとに戻りますが、縄跳びは出発点に今言ったことがあります。ですから、ケンパーが1回できることは、縄跳びが1回できるのと同じことですから、全体として運動能力をつける。ですから、小さければ小さいほど、様々な運動能力を遊びの中でつけることが大事です。

縄跳びそのものの力をつけたいと言うならば、様々に工夫された縄跳びのカードを使うのがいいでしょう。

私は、自分のつくった縄跳び表を使います。スーパーとびなわを買うと、ついてきます。私は、新卒当時から使っています。

Q6 向山式縄跳びの級表に空欄があるのはなぜでしょう

質問の内容

向山式縄跳び級表には、次の特徴があると考えます。
① ステップが細かいので、技の向上が目に見えやすい。
② 種目数が多いので、チャレンジする幅が広がり、挑戦する楽しさが倍増する。

さて、縄跳び級表には、1級の欄のみ、13種目のうち4種目空欄になっています。

それは、たぶん意図的に空けていると思うのですが、それは、完全を求めない向山先生の思想のあらわれと考えてよいのでしょうか。

A いいかげんさのあらわれ……（笑）

いいかげんさのあらわれです（笑）。そういうところまで考えがおよびませんでした。

級表Aは下学年、1年生から3年生まで。級表Bが、4年生から6年生まで、というふうに考えております。それは、ちゃんと冬休みに縄跳び指導が入っているんですね。

ちなみに向山学級の最高記録というのが、三重回しが連続60回ぐらいです。

二重回しが連続50回ぐらいできるようになれば、三重回しが1、2回できるようになりますけれども、三重回しが連続50回というのはちょっと大変ですね。三重回しが連続50回できるってことは、四重回しが1、2回できます。

そんな、サーカスみたいな子どもを育てる必要もございませんでしょうけれども。

Q7　バスケットボールの授業の極意は何でしょう

質問の内容
　「楽しさ」を味わわせたいと考えて、試合ばかりしているバスケットボールの授業でよいのでしょうか（多少のチームごとの練習が入ったとしても）。

自分なりの解決策
　質の高い楽しさを味わわせるためには、技能の向上も必要である。根本先生の発問形式や筑波大の高橋先生のドリブルゲームなどを取り入れて、技能の向上もはかっている。

A　ボール運動は楽しければいいんだ！

　バスケットボールの授業というのは楽しければいいと思っているんですよ。だって、こんなに細かく教えている体育の授業なんて世界中から見たら、日本ぐらいですから、他の国ではこんなことやってないですから。

　うちのクラスにオーストラリアから来た大河原かおりなんて1年から6年までサッカーじゃなくて、ボールけりしかやったことないんですね。そんな国は世界中でいくらでもあるんですから。それは楽しければいいと思うんですね。

　そのことをふまえた上で、なおかつやるのならば、この根本先生、筑波大の高橋先生のを取り入れればいいと思うんですけれども、ゴールに対してどう入れるのか、シュートチャンスをつくり、かつ多いのがいいわけですから、私の場合は、ゴールに通った場合は5点にして、リングに当たった場合は2点にして、四角いボードに当たった場合は1点とする。入らなくても点数にする。

　そうすると何が違うかというと、どうにかしてもシュートしようとするんですね、いろんな子が。入らなくてはいけないと思うからシュートしないんです。

　今言ったみたいに変えるだけで、点数のつけ方とか違ってきます。活動が違ってきます。そういった工夫をしていくと。それ自体は楽しいゲームなのですから。

　あと私は、体育館でやる場合が多いわけですから、リングが4か所あって、まあ6か所ある学校もあるでしょうが、1つのボールを持ちながら次から次へとシュートしていく。私はその隣で待ち構えていて、子どもたちのボールをとるわけですよ。2人か3人とっちゃう。

　すると2人か3人はボールがないわけですから、ボールがない子は他の子からとらなくちゃならない。ただし、とる場所は決まっていて絶対体に触っちゃいけない。ですから、ドリブルしていて横からはダメだと言うんですね。とる場所というのは、失敗して転がったところ。あとは、リング下しかないんですよ。

IX 「体育授業」がうまくいかない―改善ヒント

投げた瞬間、とりあう。これは、リング下の攻防の一番大事なところを自然に勉強することになるんですね。

先生は、どうしようもない女の子のために、また上手そうな男の子からとって、また渡せばいいんですね。これ自体が、若干のゲーム的な要素になりますから、そういった工夫をされますと、運動量も多いし、楽しいし、ちょっとしたゲーム的な動きにもなる。

Q8 水泳のゴーグル使用はどうでしょう

A 当たり前だ！ 必ずつけさせる！

これ、ゴーグルを使用させないという学校、どのぐらいありますか？（挙手ほとんどなし）

先生の学校ぐらいじゃないですか。

ゴーグル使用していいという学校？（挙手多数）

これが日本の常識ですよ、こんなの当然ですよ。何考えてんだ、これは！ 私が勤めた学校なんか10年前からそうですよ、目を守ったりとか何とかで。

もちろん使用させないという『屁理屈』をつければいくつもつけられるでしょう。

塩素があんだけ入っているんですから、塩素づけになって真っ赤な目をするなんて、子どもがかわいそうです。

今、手を挙げたの見てください。4人か5人手を挙げましたけれど、195対5ですよ。ゴーグルつけさせないというのは相当な非常識ですね。

Q9 「子ども主体」ということで子どもに指示を出させるのは？

A 信じられないほどバカだね

バカじゃない？ 信じられないほどバカだね、そんなことやんの。例えば、開閉会式だけだったら話はわかるよ。そのときに一部司会をやるとか。それは、全体指導とか準備体操の何だとかをさせて、子どもに指導までさせるなんてさ、ある瞬間ならわかるよ。あるいは、何とかの言葉とかならわかるよ。指導だろ？ 今、言っているのは。

某教諭「教師がボランティア集会なんかで、師尾先生のシナリオなんかをやると、何で教師がでるの、何で子どもが教える形にできないの、と言われるんです」

教師が、教えるからだよ。

Q10 体育の授業はどのように始めればよいでしょう

質問の内容

私の授業では、体育係の子どもたちがかけ声をかけてラジオ体操をしていました。先輩の先生から「準備運動になっていない」と言われました。

そこでストレッチを行いました。すると指導主事の先生から「寒いときにストレッチをしても効果がない」と言われました。

だからマラソンから始めました。校長先生から「準備運動をしてから走らせなさい」と言われました。

もうどうしてよいのかわかりません。体育の授業はどのように始めていますか。お教えください。

A 準備体操や補助運動から

体育の授業の始まりは、たぶん、ほめられたものではないと思います。

とりあえず、実態を書いてみます。

チャイムが鳴り終わるころ、私は体育館なり校庭なりに行きます。

そのとき、係の子が準備体操をしています。

ラジオ体操と少々の補助運動です。

準備体操をしている間に、私は用具の準備をします。

チャイムが鳴り始めたら「準備体操をする」ということも、きちんと方法を教えておかないとやらないものです。

私のクラスでも、私が出ていくと遊んでいるという状態のときはあります。内心、少しムカッとしますが、でもそれは私の指導が悪いのですから、すぐにその場で「次の時間からやること」などを教えます。

教えたって、中にはふざけている子などがいて、定着するのに時間はかかります。ふざけていた子には、もう1度準備体操をさせます。

ポートボールなどのゲームをしているときは、チームごとに準備体操をさせます。チームごとの準備体操ですから、そこには工夫があった方がいいのであって、これもいくつかの例を出しながら教えます。

さて、準備体操をさせると、私はいくつかの補助運動をさせます。

例えば、次のようにです。
「どこでもいいから、ぶら下がって大きな声で50まで数えていらっしゃい」
子どもたちは、鉄棒やら、雲梯やらにかけていきます。
私は、校庭の真ん中で待ちます。
戻ってきた子とは、両手をパンとあわせます。私は「1番、2番」などと番号を言ってやります。
戻ってきた子は、私の足元から1列に並んで座ります。手をパンとやって、1列に座るのです。とてもリズミカルにすすみます。
全員が揃うかどうかのときに、次の課題を出します。例えば「自分より背の高いもののまわりを5周してきなさい」とか「5人1組で校庭のはじまで馬とびでいきなさい」とかです。
このような課題を5つぐらいやって、その日のメインテーマに入るわけです。

X 「学習の遅れ指導」
で陥りがちな失敗―改善ヒント

Q1 引き算、かけ算がおぼつかない5年生への指導法

質問の内容

教職経験10年、5年生を担任しています。
A子の算数の学力は、繰り下がりの引き算、かけ算九九もおぼつかないほどです。
4年のときテキストを与えられていたということで、そのようにしようと話すとA子は拒否反応を示しました。まわりの子の目を大変気にし、他の子と違う学習は嫌いました。
そこで次のような方法でA子の学力向上を図りたいと思いました。
① クラスでA子の良さを認める場面をつくる
② A子のためのノートをつくり、目立たない形で課題を与える
この方針は100点満点で何点でしょうか。

A クラスに共感的雰囲気をつくる

このA子がですね、将来、かけ算九九よりも繰り下がりのある引き算が大事だと思うんですね。

つまりその子が大人になって世の中に出て生きていくそのときに、買い物程度ができるってことは大変大事なことでしょうから、引き算ができるっていうことは非常に重要な、生きていく手だてなんですね。

その子のことを、そのことはどうしても小学校のうちにやっておいてやりたい、そういう教師としての願いが生じるわけです。それだけはとにかく教えてやりたい、と。そういった場面だったと考えると、「一生懸命勉強してそれやろうね、○○ちゃんは力があるんだからね」という形があるわけです。

みんなに対して「○○ちゃん、先生の特別メニューでやろうか」と言います。これが共感的な支援的な雰囲気であるならそれでいいわけです。

ところがそうじゃないわけですね、このクラスは。

きっとこの男性の教師経験10年の力ってのはあまりいいクラスができていないんでしょう。普通のクラスなんでしょう。

それから、「A子のためのノート」っていう、これも同じですね。クラスに共感的雰囲気ができてない。先生はやっぱりどうしてもこの子が生きていくってことを教えておいてあげたいってことの熱意と目的がない以上、やはり間違いですね、②

でも。

ですから、①がいいか②がいいかっていうと、当然①がいいですね、その子のよさを認める方が。この子のよさを認めるという形の考え方っていうのが80点。②が20点程度ですね。

Q2 文字や計算の習熟が不十分な3年生への対応

質問の内容

小学校3年生、30名の単学級です。

ひらがなを自由に使えない児童が2名、カタカナが読めない児童が1名、一位数のたし算引き算を指を使わないとできない児童が3名います。

そこで、1年生のプリントを使って学習させました。最初は放課後にやっていましたが、その後、授業中にやらせるようになりました。

その結果、向上してきた児童もいますが、まだ問題があります。

授業をもっとおもしろいものにできればよいのですが、なかなかできません。

こうした子どもへの対応をどうしたらよいかわかりません。

A 別立てのルートをつくらないと無理では

3年生になってひらがなを自由に使えない、あるいは一位数の計算を指でやるという子は、今のシステムで3年生の授業についていくのは不可能に近いと思います。特に算数はです。

通常、一緒にやったら不可能です。でも一緒にできる授業もあります。体育もできるだろうし、国語のある部分もできるかもしれません。いくつかそのような授業もありますが、このような形で明らかに差がついてしまうような計算だとか作文だとかいうことに対してはできないのです。そのようにできないという一番大きな原因は、小学校に入ってからではなくそれ以前にあるのだと思います。

これは別に日本だけのことではなくて、先進国はどこでもそのように思っているわけです。一番最初に、痛烈に感じたのはアメリカです。

小学校に入ってくる子どもの学力がバラバラなので、なんとか一致させたいと思ったのです。そのためにつくられたのがセサミストリートです。あれは当時の教育者から極めて大きな批判をあびました。「あんなので勉強になるか」「あんなのは学習の中身じゃあない」と。

そのように批判されたにもかかわらず、セサミストリートというのは大変な勢いで子どもたちをとらえます。

それは、脳の発達や脳の働きがどういう年齢層によって違うのかということを踏まえた作品だからです。つまり、あれは教師がつくったのではなくて、大脳生理学者や研究者などの人々がつくってきた学習の中身なのです。

　幼児というのは小学生や大人に比べて何十倍も何百倍も学習能力があります。特にパターン認識、例えばある瞬間をパッパッとみていく学習のときには極めて速いスピードで学ぶ能力があるのです。

　そういったことの学習が大事なのだということでセサミストリートがつくられたのです。ところが1年生でもだめだとわかったのです。

　今は3年くらい戻っています。小学校1年生に入るための2年前3年前から学習を始めるように。そうしなくては他の子と一緒になってこないのです。

　アメリカはすでにプレスクールという制度ができています。学校に入る前の子どもたちをどうするかという制度です。

　日本はそこまでいっておりませんが、本人のいろいろな条件があるかもしれませんが、ここに出されたようなことは生まれたときからの諸条件があるわけです。そのことを学校の中で受け取ってもちろん教育しなくてはいけませんが、それはそれとして別立てのルートが必要になってくると思います。

　当然小さいときにかかるはずの時間よりも、何倍も何十倍もかけなくては無理だと思います。普通の学力で入ってくる子でさえ、ひらがながわからない状態からひらがなを身につけるためには、親が必死になって1年間は必要だと思います。

　ましてやこれは小学校3年生でこの段階ですから、この子に合ったような組み立てで行います。もちろんみんなと一緒にできる学習はたくさんやるわけですが、このことは別に別立てのルートをつくってやらなくては無理だと思います。それも片手間では駄目です。その気で、ねばり強くやることだと思います。

Q3　授業中に計算力をつけるにはどうしたらよいでしょう

質問の内容

　現在、小学校2年生を担任しています。
　算数で一桁の足し算・引き算でつまずいている子がいます。
　授業中などで計算力をつけていくにはどうしたらよいか悩んでいます。

A　いろいろなメニューを用意してやってみる以外にない

　これはたぶん授業の中だけでは不足でしょう。不足であろうという推定です。数

Ⅹ 「学習の遅れ指導」で陥りがちな失敗―改善ヒント

多くやらせればいいということでもありませんが……。

いろいろな考え方があります。

例えば、基本的にはたくさんの計算をしてその中で習熟させていきます。おわかりだと思いますが、学習には〈習得〉という部分と〈習熟〉という部分があります。

学習内容について「習い身につけていく」ということです。つまりドリル・練習のある構成です。

例えば、5たす3というのは、合わせて8つのことなんだというのがわかったとしても、それでは6たす2ができるかどうかはわかりません。たくさん練習していかなくてはならないのです。

その習熟という形をたくさんやっていけば、力そのものはつくんだ、という形で実践されています。

その1つは例えば百マス計算です。

百マス計算というのは知っている方が多いと思いますが、縦横10ずつに区切ったマスの左端と上に数字を入れて、足し算や九九の計算をさせていき、その速さを競い合わせるというものです。

これを一番最初に考えて、発表したり実践を出したりしたのは読売新聞です。今から40年近く前、大阪読売新聞で「勉強ができるようになる」という特集がされました。その中に百マス計算が出てきます。

百マス計算の実践をもとにして、何分何秒というふうにやればいいと出てきたのが岸本裕史先生ですね。岸本先生は触れられていませんけれども、もともとは読売新聞の「勉強のしかた」という講座から発したものです。

これは習熟をさせていく方法です。

もう1つは公文式なんかがそうですね。

公文式というのは、1回1回のペーパーのステップを大変細かくして、百点満点にして次へ進んでいくという形になっています。

この公文式というのは、学校の先生のたぶん99.9パーセントが批判しています。しかし、親の99.9パーセントぐらいが支持しているのです。公文教室に通う子どもたちが一番多いわけですから。学年当たり何十万人も公文式の教室に通ってい

百マス計算

→

+	7	3	0	6	2	9	5	1	8	4
7										
3										
0										
6										
2										
9										
5										
1										
8										
4										

ますから、それは少なくとも学校教育よりもそちらの方ができるようになることがあるのかもしれません。

　もちろん公文式にもよさと悪さがあります。公文式や先ほどのドリル型だけだとあきるのです。知的なひらめきとか好奇心とかそういうのが押さえられますから……。ドリル型の持っている宿命なのです。

　話を元に戻します。

　計算でつまずいているというとき、〈習得する〉ことは、つまりその意味がわかっていないところを理解するということだったら、これは学校でできるのです。足し算とはこういう意味なんだよとか……。

　しかし、練習量が不足してできないというのは学校だけでは無理なのではないでしょうか。やはりこれはお母さんなどにお手伝いをしていただかなくてはならないでしょう。「1日に5分か10分でけっこうですからお母さんが問題を出してください」という形でお願いするのです。お母さんが無理だったら、公文式かどこかに通わせるようになるかもしれません。

　学校の教師なら口が裂けても言えないかもしれませんが、その子が本当に勉強できるようになってほしいと思うならば、どうすればよいかといういろいろなメニューを用意してあげなくてはなりません。それは結果として、お母さんとか子どもが選択していくでしょうが、そのメニューを何通りか示せなくてはだめなのです。

Q4　算数の個人差に対応するにはどうすればよいでしょう

質問の内容

　現在、5年生を担任しています。

　一番の悩みは学習の個人差が大きいことです。特に算数での個人差が大きいです。小数の割り算を1学期に学習しましたが、なかなかついてこれない子がいます。3・4年生のときに割り算の仕方が身についていない子が7名います。

　会議、出張が多くて、個人的に放課後残すことはなかなかできません。また、授業の中でもなかなか3・4年生の復習をしてやることもできません。

　前の学年でのつまずきに対応する方法を現在考えているところです。どうすればよいのでしょうか。

A　子ども自身から補習を受けたいという希望をとること

　個人的に指導が必要だと思うならば、「会議、出張が多くて」と言う前に、そのことを職員会議その他で主張すべきではないでしょうか。

X 「学習の遅れ指導」で陥りがちな失敗―改善ヒント

「うちのクラスにはできない子が7名います。その子たちを何とかしてやることが私の大事な仕事だと思っています。できれば会議をずらしてくれませんか。出張を減らしてくれませんか」と、このように言います。

あるいは校長先生に「どうしたらよろしいでしょうか。残してやれるならできるようにさせられると私は思います」などと個人的に言ってみてはどうでしょうか。行動が大切です。

今はやっていませんが、前は学年の先生方と分担して算数のカリキュラムをつくり、この段階の学習をやるからその段階の学習ができない人残りなさい、というふうにやったことがあります。学年全体の治療システムみたいなものです。

そのとき大事なのは、できないということだけで残すのではなくて、子ども自身に補習を受けたいという希望をとることです。それをきちんと確認しました。そうするとけっこうできる子も勉強をしに来ました。

ただし、そんなときでもやることは、例えば1年生だったら1年生の最初の部分などですから、そういう子が来ても知的に満足できないこともあるでしょう。そこの工夫が大切です。

それで忘れられないことがありました。Aさんという女の子がいたのですが、けっこうできる子で5段階の4くらいの子です。その子が、「向山先生、どうしても1年生の○○○○のところの勉強受けたいのです」と言ってきました。

「できるからやらなくても大丈夫だよ。なぜ受けたいの？」と尋ねますと、その子は小学校1年生のときすごく大きな病気を患って学校を休んでいたのです。休んでわからなくなったところを一生懸命勉強して取り戻していきたいというのです。

6年生になって成績も4をとるようになったけれども、自分自身の心の傷として、そのとき勉強していないというのがあったのです。

それで、「先生どうしてもそのところをやりたい」と、その子は受けにきたのですね。その学習が終わると、「先生、私はこれで勉強のことも終わって、心おきなく卒業していけます」と言っていました。

ですからこの先生の、子どもたちを何とかしたいという思いが本当ならば、会議、出張は別にどうってこともなく解決できることでしょう。

● 今忙しいからなんてふざけるんじゃない

さて親が突然我が子についていろいろなことを先生に相談しに来ることがあります。そんなとき、先生方はお忙しいですから、「今忙しいから……」と言う人が中にはいます。

教師にとって子どものことを相談される、そのことを差し置いての忙しさなんていったい何があると思いますか。子どもの相談は最優先すべきことです。親が学

校に来て、先生ちょっとお話があるのです、というのはよほどのことなんですから。そのことを差し置いて、教師の方が今忙しいからなんて……ふざけるんじゃないと思います。

職員会議だろうと、研究会だろうと、何であろうと、どんなことでも差し置いて、それは聞くべきことなのです。

提案者とか議長だとかで抜けにくいこともあるでしょうが、それを代わってもらうか時間をずらすとかの配慮をすべきなのです。

再度言いますが、教師にとって子どものことを除いて、それ以外の忙しさなんてありえないのです。それが最優先される忙しさなのです。

「先生、お忙しいところ申し訳ありません」と言って親が私に会いに来たとき、「いえ奥さん、それが私の一番の仕事ですから」と言うと大変感謝されました。大変感謝されるということは、逆に言えば忙しいからと断る先生がたくさんいるということです。

こういうことは教師の大切な心構えなのです。

Q5　授業にまったく参加できない子がいます……

質問の内容

　　授業にまったく参加できない児童が2人いるため、45分間中断なしの授業が成立しません。
　　2人とも常時個別指導を必要とし、1人は常に担任と会話をしていないと落ちつかず、もう1人は1つ1つ指示がないとチャイムで教室に戻ることさえできない状態です。
　　恐ろしく理解できていないため、説明のときや作業のときなど関係なく担任の個別指導を続ける必要があるので、学級全体の集中力や学習の定着が図れません。
　　個々の教材以前の問題として、どのように授業を組むべきなのでしょうか。

A　はたしてその子にかかりっきりなのはいいことか？

「授業にまったく参加できない児童が2人いるため……」とありますが、私はこういうところが大変引っ掛かるのです。「まったくできない」というのは本当でしょうか。

そもそも「授業に参加できない」というのは、どういう状態をさして言っているのでしょうか。「教室に入らない」とか「教室にいない」とか、こういうのはまったく授業に参加していないと言っていいと思います。

しかし考え方として、同じ教室に入っているならばまったく参加していないとは

言えないでしょう。いすに腰掛けている、あるいはいすに腰掛けている状態が半分もあるならば、それは参加していると言ってよいのではないのでしょうか。

そもそも学校に来ていれば参加しているのです。

教師はこのように「まったくできない」というような用語を使ってはいけないのだと思います。子どもを評価するときに「学習にまったく参加していない」なんてそんな無礼な言い方をしないでください。もっと温かい表現というのでしょうか。「教師の言うことをほとんど聞かない」だとか、そういったところから始まるべきだと思います。

学級全体の集中力や学習の定着が図れないというのは、大問題ですね。この2人についてちゃんと対応しなくてはいけませんが、学級全体での授業というのでしょうか、多くの子どもたちのための授業をまずきちんとすべきです。

そういった全体の子どもたちの授業そのものを満足させ、その上での指導ですから当然限界があります。時間が短かったり、放課後残したりといろいろなことが生じます。

これは、2人の子どもに対して一所懸命指導することがいいことだと思うかもしれませんが、結果としてクラス全体が荒れてきます。知的に満足しないのです。学級全体はおろか、その子自身も伸びないと思います。ですから決していいことをしているのではないと思います。

2人にかかわるのがいけないと言うのではありません。

そのことを原因として、学級全体の授業ができていないというのならば、それは先生がよくないということです。

Q6 ひらがなの読み書きがまったくできない子の指導法

質問の内容

1年生のひらがな指導についてうかがいます。

1人の男子ですが、ひらがなの読み書きがまったくできずに入学しました。自分の名前のひらがなもバラバラにして聞くと読めませんでした。

一斉指導だけではどうしようもないので、放課後20〜30分ほど残して、「お」は「おかし」の「お」だよ、などと言いながら繰り返し指導しました。

それでも1学期が終わるときにマスターできたのは半分でした。

今までの指導でよいのでしょうか？　また、一斉指導の中でどんな指導をしていけばよいのでしょうか。

学級は、男子20人、女子20人、計40人です。

A 教師だけでは指導できない問題、次の一手を！

　これはお母さんに（おうちの方に）言う必要があると思います。これは教師だけでは絶対に不可能だと思います。指導することはできません。私だったらお母さんに言います。
　「お子さんはひらがなの読み書きができていません。現行の1年生の国語の教科書の中では、後期には作文をするまでになっております。お宅のお子さんは残念ながら、それについて大変な負担をおっております。お母さんは大変でしょうけど、毎日おうちで10分とか15分とか、ひらがなについてのお勉強をしていただけませんでしょうか。今からでも間に合います。大丈夫です。伸びていきます。私の力があればそれを学校でやるのですが、私だけではとてもできません。私もやりますけれどもお母さんもお願いいたします」
　最初にこんなふうに言えばよいと思います。
　一番いけないのが、教師が教えるべきだというタテマエに流されて、実態としてはできないままいってしまうということです。それは無責任きわまりないことです。
　問題なのは、タテマエでなくて、子どもが本当にどうなのかです。
　そして、この子のお母さんができなくてもいいというふうに思っているかどうかです。
　教師は別です。教師はできなくてもいいと思っている先生もいるでしょうし、そうではない先生もいる。それはかまいません。
　ただ、教師は教えるのが仕事です。契約としてその上に成り立っています。
　教師自身がどう思っているかは別として、それをもとに保障するというのが教師の仕事です。
　それについてできないならば、率直にお母さんに言えばよいのです。そして、お母さんやお父さんにできないのならば、また別の手を考えなくてはなりません。
　これは何を差し置いても、ひらがなの読み書きができなかったら、その子にとって不幸になりうる場合が多いでしょう。
　まれに、そういったことがなくても、成長していく上で大丈夫だったということがあります。しかし、確率としては大変低いわけですから、私だったらはっきり親に話して協力してもらいます。
　ひらがなの習得については、すばらしい教材があります。『うつしまるくん』です。このような子にこそぜひ、すすめたいものです。
　1冊だけでなく、「学校」でもというくらい与えたいものです。

Q7　低学力の我が子に何をしてやればよいでしょう

質問の内容

　中1の自分の子の学力について悩んでいます。
　小学校のときから成績がふるわず悩んでいました。自分が教師をしていながら、家には疲れ切って帰り、やさしく教えることもできず、ついつい怒ることが多かったと反省しています。やる気を伸ばすような言葉がけが足りなかったと思っています。
　中1になった今、私は子どもに何をしてあげられるのか、どう接することがよいのか教えていただきたいと思います。

A　「つまずき発見→計画立案→励ます」が原則

　これは、お子さんが悩んでいるのでしょうか。ご本人が悩んでいるのならわかりますが……。
　ご本人はそれでいいと思っているかもしれません。自分はこういった人生だと思っているのかもしれません。
　親の方の期待を過度に押し付けない方がよいと思っています。
　それから、疲れ切って帰ってきてやさしく教えるなんてことは、できる人は少ないと思います。ですから、これも自分が教えてやらなくていいのではないでしょうか。
　ただ、親がしてあげられる中学校や高校なんかの勉強で一番いいのは、勉強がわからないといったときに、どこからわからなくなったか発見してやることです。
　算数の教科書でこのページの問題ができるかできないかさせてみるのです。すると前のページ、その前のページといって「ここからわからなくなったの」と聞いてみて、「ここはできる」というところまで戻ってやるのです。
　どこからわからなくなったかを発見してやるというのが、親の大事な仕事ではないでしょうか。
　次に今度は、「あせらなくていいからそこからやり直しなさい」と言ってあげます。「勉強は一歩一歩積み重ねなくてはならないのだから、わからなくなったところからやり直しなさい」というアドバイスは子どもにはできません。大人にしかできないものです。お母さんからそういうことを言ってもらえればいいわけです。
　「教える」ということより「つまずきを発見」し、「計画を立て」させ、「はげます」ことが大切と思います。

Q8 遅れぎみの子も満足する授業とは

質問の内容

今、私の学校で遅れぎみの子が5名います。その中でも困っていて特に力を入れている子が2名います。

1人の子は、家では母がつきっきりで勉強をみてあげているようで宿題忘れはないのですが、理解力に問題があるような気がします。1人は漢字が苦手で、毎日続けて練習させていますが、本読み、漢字テスト等がだめです。テストなどは問題を読んであげるとかなりできます。

私の授業はどちらかというと2人のペースで進めてしまい、進度はどんどん遅れていきます。

TOSSの追試をすると、ほとんどの子は活発に活動しますがこの2人の反応は今一つです。

どうしたらこの2人もわかり、みんなも満足する授業ができるでしょうか。

A 親の熱意に勝てる教師はいない……

この2人だけのペースでやるのはよくないですね。

学級全体の知的な状態を満足して、その上でできる範囲でやっていけばいいわけです。そのことが、結局この2人のためにもいいと思います。

そうではなくて、進度が遅れたりなんかすると、いろんな点での批判とか何とかの文句が出てきて、結局その2人に対する配慮ができなくなってしまうのです。

長い目で見ることです。

親がついて教えているというのは心強いことです。遅れぎみの子の最もよい対応は、親の愛情に支えられた熱心さだと思います。

この熱心さには教師は勝てないでしょう。

Q9 学力不振児への居残り授業の是非

質問の内容

私は現在5年生を担任しています。38人のクラスです。

その中に学力不振児が2人います。

私はこの2人を何とかしてやりたいと思い、本人はいやがるのですが、毎日居残り勉強をさせています。

時間は1時間ぐらいです。それで、少しずつ計算力がついてきました。
たとえ、いやがられても、その子のためと思ってやらせています。
向山先生はこの方法をどう思いますか。

A 教師の自己満足？ 30分以上の居残り勉強

学力不振児の2人がどの程度の学力不振かによるんですよね。

学校の勉強についていけないことなのか、それとも足し算引き算ができないのかによってずいぶん違ってくるんですね。

私も残す場合、あります。例えば練習問題をやって、時間切れになってしまった。じゃあその人たちは残ってやっていきなさい、だとか、あるいは宿題忘れをしてしまった人はみんな残っていきなさい、という形でクラス全体が残るわけですね。

それに対して、この場合はこの2人だけを特定するわけですから2人だけを特定して残すっていうのはいやがるでしょうね。たぶん。

私の場合、宿題を忘れた人とこの子も入るんです、必ず。で、宿題をやった人はちゃんと帰るんです。

この子がたぶん力が落ちてるから、それで残ってかつ勉強するわけです。やっぱりこれは熱意あるいい方法なんですけれども。本人のことを考えてやるならば、あまりにも鈍感すぎますね、やり方が。

時間が1時間というのも長いですね。私は帰りの時間は当然やりません。授業終了のチャイムが鳴ったら3分以内に子どもを帰します。3分たったら子どもは誰もいなくなります。残った子だけがいて、その状態から30分程度だというふうに思いますね。

そして、できた子に対しては、「あなたたちはすごかったな」と大げさにほめられるという形でやるんならば、これはいいんだと思います。これは教師が自己満足してるんじゃないですか。何かいやらしさが目立ちますね。

Q10 低学力の5年生をどう指導すればよいでしょう

質問の内容

クラスの中に、読み書き計算いずれも他の子についていけない子がいます。

読むことについては、5年生になったときにひらがなの一部、カタカナの多くが読めない子でした。

当然視写などさせても他の子とは合わせられません。計算も繰り上がりのない計算がや

っとできる程度です。
　このような子にどんな力をつけてやるべきなのでしょうか。
　向山先生なら、1年間でどの程度まで育てることを考えますか。

A　"謙虚さ"不足の質問では？

　よくそのような子どもを見かけますが、これについてはその子を担任してないとわかりません。
　5年生になってこれだけのことができないという子は、まず、その本人自身の理解力それ自体が劣っているのか、あるいはそうじゃないのかということをはっきりさせることです。小さいときに病気をしたとか、いろんな条件がありますから。
　「どの程度まで育てることを考えますか」とたずねられても。これ以上わかりません。
　私が持った子の中に、「ボク死にたいんだ」と言う子がおりました。この子を私が5年生で担任しました。その子は熱性けいれんがあって知能が低い、知恵遅れの子どもです。
　ひらがなカタカナも十分ではなく、足し算、引き算もようやくといった子でした。
　ところが、実践記録に書きましたように、この子は二ケタ×二ケタくらいのかけ算ができるようになりました。作文も原稿用紙1枚くらい書くようになりました。
　それは、その子の場合だからできたのか、他ではできないのか、それはよくわかりません。
　専門のお医者さんと討論会や会議でエイズの話などをしましたが、大変謙虚です。医学的に未知のことが多すぎるというのです。最先端の医者や研究者でもそうなのです。
　教育でもそうじゃないでしょうか。子どもたちを育てるというのも同じだと思います。未知の部分が多すぎるのです。だから、いずれどこでどう発展していくかわかりません。そういった人間に対する謙虚さみたいなもの、そういったことの上に組み立てられるのではないでしょうか。
　教師は謙虚さが足りない感じがいたしました。
　人間というのは未知なものをたくさん持っている、不可思議なものを持っている、どこでどう成長していくかわからない。教師としての自負は必要なんですが、そういったことへの謙虚さが足りないと思いました。
　すべて100パーセントさせようとする教師がいますが、100パーセントなんかできるわけがありません。人間みんなを育てるなんてことはできません。
　我々はごくごく一部に関与したり援助したりできるだけであるというような謙虚

さが、教師には足りないような感じがします。

Q11 他の子と同じペースで学習できない子の指導

質問の内容

私のクラスに1名、極端に学力の低い児童（A男）がいます。他の児童と同じペースでは、学習〈授業〉を進めるのが難しい状況です。

私なりに対処法を考えてやってみました。

① 複式のような形で、A男だけ他の児童と違う学習メニューで授業を受ける。
② 一斉学習（指導）のときは一緒に同じ指導を受け、作業や個別学習（指導）のときに他の児童と別メニューで行う。
③ 最初から最後まで他の児童と一緒に同じ内容の授業を受ける。理解できないところがあっても、最低限、ノートに板書事項を書き写す作業をさせる。
④ 最初から最後まで他の児童と一緒に同じ内容の授業を受ける。理解できないところがあったら、児童の前で発展（提示）させ、他の児童にも一緒に考えさせる。
⑤ 最初から最後まで他の児童と一緒に同じ内容の授業を受ける。問題等でわからないところは、教師や早く作業の終わった児童が教える。

私が1番多くとったのは⑤の方法です。

ただ、これはどうしても答え教え込みのような形になってしまい、A男の確かな学力としては定着しなかったようです。

恥ずかしい話ですが、今になって思うと、「どこまでは理解できるのか」「どの段階まで下がって指導すればよいのか」をもっと詳しく分析しておくべきでした。

さて、向山先生、A男を他の児童と同じ教室の中で、うまく授業を進めるにはどのような方法をとればよいのでしょうか。前記の①〜⑤の方法の中で選ぶとすればどれですか。また、①〜⑤の方法が適切でない場合は、どこが悪いのかをご指摘いただければ幸いです。

A 友だちが応援する雰囲気なら特別メニューで指導

「何の教科か」ということ、「できないというのはどの程度のレベルなのか」ということ、「何年生なのか」ということで、全部違ってきます。

非常に大ざっぱに言って、算数以外の教科ならば、全体を一緒に授業させていくべきだろうと思います。例えば病気で知恵遅れだとか様々な事情もあるかと思いますけれど、とりあえず原則としてです。

算数の場合、低学年だったら他の子と一緒に教えていくことが原則だと思います。

問題なのは4年生ぐらいですね。4年生ぐらいで足し算引き算が満足にできないというのは、これは1学年に1人2人いますが、それは明らかに他の別立てのメニューをやった方がいいと思いますね。これが8割。

ただし2割躊躇するのは、その子がそのことによって大変傷ついて「お前はバカだ」とか何とか言われてしまって、結果として学校に来るのがいやだとか何をするのもいやだということであるならば、算数ができるのが大事か、それとも学校に来るのがいやだというのが大事かと言えば、傷つくことの方が大変なわけですから、そういった子どもの場合、今言ったことが必要ですね。

　だからクラスの中に温かい共感的雰囲気があって、例えば「真理子ちゃん、先生に今度の問題、特別なメニューをつくって、それをやろうか」と言ったら「わあ、いいな」「その勉強、私もしたいな。それっていいな」というふうに友達が応援するということであるならば、足し算引き算もできない子というのであればやった方がいいです。

　私は、TTの時、算数で4年生を教えていましたが、いろんな手だてが必要でした。

　学級担任をやっているときは残して勉強を教えることが割合可能だったわけです。TTは、専科みたいですから残すっていうことができません。どこかで時間調整をしなくちゃいけない。

　その時、私がやっていたのは、10問のミニテストです。

　かつては10問全部答えさせてたわけですが、時間をとりました。それで、子どもたちみんなに「この中で2問挑戦する子？」でもいいし、「5問挑戦する子？」でもいいし、「10問挑戦する子？」でもいいというふうにやったんです。

　で、「自分の力で精一杯やりなさい」と言います。時間はだいたい3分程度です、ミニテストですから。その3分の中で10問できそうだったら10問挑戦、5問だったら5問挑戦、2問しかできないなと思ったら2問挑戦をします。

　2問挑戦だったら、1問50点で2問で100点。それから5問挑戦する人は、1問20点で5問で100点。同じように10問は、1問10点。どの100点でも100点は変わらない。「自分で判断しなさい」と言います。これで時間調整できるわけです。しかも2問で100点とったら、それはそれで立派なことなわけです。こういった形で挑戦することは可能なのです。

　これは多少遅れているっていう子の感じのときですね。

　4年生であるんだけれども3年生程度の力を持っているという子に対してはそれは可能です。だけど1年生程度しかないっていうことになると、全然別になると思います。

XI 「学習障害児指導」で陥りがちな失敗―改善ヒント

Q1 自閉症的傾向の子にどのように対応すればよいでしょう

質問の内容

　私の学級には特殊学級から通級してくる子がいます。その子は自閉症的傾向の子で、すべてにおいてマイペースです。
　体育の時間は他の子の活動に参加せず、常にボールを抱えてそこらじゅうを走り回っています。近ごろは私とのキャッチボールだけは少しだけできるようになりました。
　また、音楽の時間はお絵かきノートに落書きばっかりしていますが、バチを持たせてからは他の子のように歌に合わせてリズムをとるようになりました。
　少しは進歩していると思うのですが、私の学級が彼に何をしてあげられるのか……という疑問があります。クラスの子はみんなこの子にやさしく接しています。
　向山先生なら、このような子にどのように対応されますか。

A こういう子がいるのはクラスにたくさんの学びをもたらす

　こういう子がクラスにいるということはすばらしいことです。何よりも他の子にとっていいですよね。

　きっと他の子はこの子からたくさんのことを学びます。この子にやさしく接していることが何よりだと思います。

　ところでこの子の出産のときの状況はどうだったのでしょうか。

　自閉症の子だとかならば、出産のときに異常があったのかなかったのか、赤ちゃんのときに高熱を出したことがあったのかなかったのか、というようなことをきちんと聞いておくというのはごく当たり前な原則的な出発点です。

　その出発点のことをしないで他のことなどすべきではないですね。医学的なことが生じてくることもあるでしょうし、環境的なことからも生じることがあるでしょうから。

　あるいはそうでなくて、正常分娩その他をやっていながらその途上で、例えば夫婦喧嘩とか離婚とかで自閉症になってしまうこともあるのです。

　赤ちゃんを1週間かまわないでおくと自閉症的傾向を示すと聞いたことがあります。

　出産時の異常なのかそうでないのか理解していないと、どこまでできるのか、ど

ういったことをやればよいのか、これは教師の仕事なのかお医者さんの仕事なのか、そういったことが見えてこないですね。単なるガンバリズムに終わってしまいます。

でも、こうした話をうかがうときは慎重さが必要です。

Q2 脳性麻痺の後遺症を持つ子への指導ポイント

質問の内容

出生時の障害、脳性麻痺のため言語障害、肢体不自由、右手のふるえから文字を正確に書くことができないなどの障害を持っている子を担任しています。

その子を向山型算数で伸ばしてあげるにはどうしたらよいのでしょうか。

自分なりの解決策

① とにかく良いところをほめ自信を持たせる。
② 赤えんぴつで薄く答えを書いたり、ハンドサインで答えを教えてあげたりする。

向山先生でしたら、どのように指導されるのか、ぜひお聞かせ願いたいと思います。

A まずはパソコンを持たせなくっちゃ

この子、パソコン持ってないんですか。（持ってません。）

持たせちゃいけないんですか。（いえ。）

なぜ持たせないんですか。（授業中にですか？）

もちろんです。当たり前ですよ。（はい。）

どうして持たせないか、素朴な疑問です。（まわりの子と同じことをやらせてあげたいっていうことからです。）

まわりの子と同じことできないんでしょ、この子は。（はい。）

なぜ持たせてやんないんですか。（……そこまで考えていませんでした。）

冷たい教師なんですね。何も考えていないんですよ。

あのね、脳性麻痺でやってきた子、もちろんいろんな機能回復訓練とかはそれは必要ですよ。それと学習のこれとはまた別です。

学習で手がふるえるとか何とかっていうのがあるんならば、パソコンを使い、他の機能がいくらでもあるんだから。それは他の先生が反対しようが、先生1人が主張してやるべきです。

もっと重要なことがあるんです。脳性麻痺になっている子は、脳の機能はちゃんとしているわけですから、その子が本当に社会に出て仕事に就ける、自分が働いたことでお金をもらうということを仮に考えたとします。

XI 「学習障害児指導」で陥りがちな失敗―改善ヒント

　私の親戚のいとこに、職業訓練校の先生を養成するところ、職業訓練大学校っていうのが東京の小金井にありまして、そこの先生をしてるんです。

　そこの先生をやっているとき、うちの娘が青山学院の附属のときに見せてもらおうと思ってボランティアに行ったことがあるんです。

　脳性麻痺の人たちは、みんなパソコンをいじっていたんです。そこですごく衝撃的なことを聞くんです。

　パソコンをいじっていて、この人たちはいずれ仕事を持つようになる。ただし、パソコンを動かすまでの時間が大変で、15歳より前にさわった人間は食べていけるっていうんですよ。15歳から後にさわった人間はダメだっていうんです。

　それは大変な違いじゃありませんか。その子が一生自分の力で食べていける。脳のある部分の機能が麻痺している。後はちゃんとしていて働くわけですから。働かすためにいろんな道具があるんですから。

　この脳性麻痺の子が字を書くとか何だとかいって、そんなことやるよりも前に、その子がずっとやっていける可能性として、いろんなことをもっと真剣にやるべきですよね。

　ですから、私は何でパソコンを使わせないのか、あるいはなぜそういったところを見に行かないのか、なぜそういう勉強をしないのか。

　先生は自分でも、冷たい教師だと、だめな教師だと思ってましょう。ほとんどの先生はそうなのでしょう。

　でもね、15歳以前とそれ以後でまるっきり違う仕事をやっていけるかどうかと、15歳から前にパソコンをいじらせるというのは教師の仕事なんです。そこに出会わせるっていうのは、教師がしなくちゃいけない仕事なんです。そのやり方だとか方法だとかは、それは後からどうとでもなってきます。勉強すればいいんです。聞けばいいんです。

　ということで、なぜパソコンを使わせないのですか。向山ならそちらをたぶんやるだろうと思います。

　頑張ってみてください。そして、先生がやった実践を日本中に発信すれば、多くの子どもたちの糧となっていくんです。魁になっていくんですよ。

　そのことによって救われる子どもたちがたくさん出てくるんです。教師の仕事はそうやって広まっていくんですね。

Q3　自閉症的傾向の知能指数測定不能の子への対応ポイント

質問の内容

　１年間フラッシュカードで２語文等を教えました。『うつしまるくん』１年生用で正しく写せるようになり、それを追い読みさせました。

　連絡帳を聴写できるようになりました。まだ単語が多いのですが、時々「ターザンロープしたいが」と話すようになりました。

　好きなホットケーキをつくった後などに、口述して文を書かせています。それを追い読みさせています。また、トーキングマシンで音声の出るカードを使っています。

　コミュニケーション能力を高めるには、どんなことに気をつければよいのでしょうか。

A　『うつしまるくん』の威力はスゴい

　先生、これはこれでもうよろしいんじゃないでしょうか。特に、『うつしまるくん』の１年生用対策を写せるようになった。聴写ができるようになった。大変なことですよね。

　先生方は障害児をお持ちになったらおわかりになると思いますけど、それがちゃんとできるようになり、かつ、聴写ができる。それだけでもものすごいすばらしい内容ですから、現在おやりになっていることをお進めになっていくことだと思います。

　『うつしまるくん』というのは写すだけで力がついていく、健常児にとっても、とても力になる教材ですけれども、ともに、こういった子にとってもいい要素が、力があるんだということ、優れた教材であること、ということの証明になると思います。

　そのままお進めになるといいと思います。

Q4　自閉症の子に百人一首を教えるには

質問の内容

　２年生を担任しています。２学期から百人一首を教えたいと思っています。

　自閉症の子どもが１人います。ひらがなは１字１字読める程度で、会話もほとんど成立しません。たぶん百人一首も困難だと思います。

　私は、読み手である私のそばで、その子１人でやらせようと考えています。その子がわからなくても、ほかの子に混じってやるのがよいのかなとも考えています。

　どちらがいいのか、また、ほかにすることはないかおたずねします。

A 読み手は必ず教師が

　百人一首というのは、古来からの優れた教材で、千年間も伝わっている教材などそんなにありません。
　でも、これは100枚あるので時間がかかります。
　1ゲーム45分はかかる。それが最大のネックでした。
　これを私たちは5つの色に分けました。5つの色に分けると1つの色だけやると20枚です。
　20枚を源平でやりますと、自分の前には10枚しか並びません。10枚、10枚で試合をやりますから、慣れますと2、3分で終わります。
　ま、1週間もあれば慣れます。
　1試合2、3分で終わりますから、誰でもができます。このルールを教えるとき、たった1回のゲームをやってやれば子どもはすぐ理解します。
　1つだけ条件がありまして、読み手は教師でなくてはならないということです。
　教師が読んで、しかも自己流でいいから朗々として読むことが必要です。

Q5 授業中に奇声を発する自閉症的傾向の子への対応

質問の内容

　自閉症的傾向の子が授業に集中できず歌を唄ったり、奇声を発し続けたりします。周囲の子の受容はよく、一緒に遊んだり作業したりしています。
　ただし、本児がずっと静かにしていることができないことには本人も周囲の子も悩んでいます。
　どんな手だてがあるか教えてください。

A 大変でしょうが一緒に生活していく覚悟を

　この子なんですが、大変だとは思いますが、先生のこれは、この子と一緒に生活していくんですよね。
　それが教師なんですよ。これは他の子どもたちにとっても、こういった子と一緒の中で勉強していくことがあるんだというふうに終われればいいんですね。
　きっと教師が思っているほど、子どもは思っていないと思いますね。
　一緒に生活をしている。ですから教師が覚悟を決めて、こういった子と一緒になっていく。

知恵遅れの女の子が、ものすごいチックの症状で「うわあっ」と声を出すんですよ。3年生のとき、ものすごかったんですけど。今はずいぶんおさまってきましたけれども、それでも時々出すんですね、授業中何回も。
　でも、担任も、私も何ともなし。子どもたちも何ともなければ、そのままで住んでいくんですから。たくさんの人たちと住んでいく中には、そういった奇声を発するとか何かする人もいるわけです。そして、その中で生活しているんだと、むしろ得難い場所、場合なんだ、というふうに担任が覚悟を決め、そういうふうにしていこうとするならば、また道は違ってくると思います。
　その上で、もちろんほったらかしにということではないんですよ。いくつかの努力も必要でしょうけども、それも長い時間かかるんですから、方向目標ですから、到達目標という形で解決はされないことです。
　一生をかけて、つき合っていきながらしていこうと考えていくんですね。

Q6　LD児を授業に参加させるための手立ては

質問の内容

　3年生に進級したが、ひらがなをまだ8割ほどしか書けない。数、読む、書くの部分だけが欠落している子どもを、3年生の学習、授業の中にどう取り入れていけばよいか。
　17人の学級のうちの1人。

自分なりの解決策

　導入（単元の）でのパフォーマンスや活動には参加させ、自分が参加しているという満足感を持たせる。
　その続きのついていけないところでは、書く（1年生の初期導入のドリル、ひらがな、数）の作業をさせて別の内容をすすめる。
　個別指導を合間を見てする。

A　できるようにさせるんじゃない―のだ

　先生、どこにいらっしゃいますか。
　（質問者を確認して）先生、LD、学習障害を持った子で、後に有名になった人を1人か2人あげてくださいますか。（すみません、話は聞いたことがあるんですが名前が……。）
　ありませんか。エジソンは学習障害児といわれています。LD児ですね。たぶんアインシュタインも近いんじゃないでしょうかね。間違いなく劣等生でしたね。
　恐ろしい話で、学習障害というのは平均値に対する学習障害が多いんですよね。

XI 「学習障害児指導」で陥りがちな失敗―改善ヒント

どの子もできるとどれもできる。ただ、何だかのことに対しては極めて優秀な形を示すという子がいる、ありうるんです。

したがって、学習障害を持っている子の指導の一番基本は、できないことをできるようにさせるということではなくて、その子が何が好きなのか、その子の得意なものは何なのかということを探し、発見し、それを育ててやることが大事なんです。

そのことは通例、母親がやるべきことなんです。母親なんですね。それも言わなくちゃいけません。ずっと一生涯その子とつき合っていくのは親であって、親があきらめたら終わりですね。

（会場の）後ろにお母さん方が3人来てますけども、大事なことであって、決して子どもをあきらめないと。その子が持っている可能性についてずっとつき合ってやる。

そういった基本的なことを言った上で、このLDの対応は一体何なのか、原因がわかった方がいいですね。

これもさっきと同じです。生まれたときの障害とか、病気だとか、異常出産はありませんでしたか。病気はしませんでしたか、これ基本的にいろんなことがあったんじゃないんでしょうかね。（病気がありました。生まれてすぐに発熱をする病気にかかって……。）

どのぐらいですか。（3か月ほど入院したそうです。）

それは、結構大変ですね。そうするとやっぱし、医者としての判断その他とか必要になりますよね。全体としての機能が衰えているのか、部分的なのか。学習障害の場合には部分的に衰えていて、つまり今の学校の中ではダメだけども、何だかの形だけでいいこと示してくるというのが相当数いるんですね。

そういった点では、そういったことの教育に対して極めて優れているのが、ユダヤですね。

日本人とユダヤ人と両方とも双璧でありながら、しかも両方とも大変水準が高い教育をしておりますけども、ユダヤの教育のすばらしさというのは、今言った良さを見つけて発見させていくという、だからこそ世界の3分の1ほどのノーベル賞受賞者ですね、科学者を出すんですね。

まあ、このことは、機会があったら話しましょう。

Q7　耳の不自由な子がいるので百人一首を躊躇していますが……

質問の内容

毎年、五色百人一首をクラスで取り組みます。
ただ、本年度は耳の不自由な子がいて、始めるのを躊躇しています。
このような場合、どのような取り組みがあるのでしょうか。あるいはやらない方がよいのでしょうか。

A　新しいことを始めると必ず拒否反応が……

えー、後ろから持ってきてください、百人一首（事務局長が向山先生に手渡す）。
私は教師になったときから百人一首をやってましてね。
30年近く教えております。卒業した子どもたちに今でも一番感謝されるのは百人一首です。先生に習ってよかったと。
私はほかの授業もずいぶんいい授業をしたつもりなんですが、すべての授業の中で最も感謝されるのが百人一首です。
中学校で百人一首大会があり、私は学年1番になりました、とか、あるいは高等学校その他で百人一首を覚えなくちゃいけないとき、習わなくてすみました、とか。
で、百人一首をやって一番大変なのは、時間がかかるということですね。昔は100枚やってましたから、最後の方は大変速いスピードで読みました。向山学級の百人一首のスピードはこんな感じなんです。
「おもいわびさてもいのちはあるものを……」（この歌から始めて、3首を8秒2の速さで読む向山先生。テープでは聞き取れないぐらいの速さである）
このスピードですね。4人1組でチームを組んでいてそれを全部とるんです、残さないで。
ですから今のスピードで読みますと、全部で7分。
でもこれではですね、どこの学級でもできるんじゃなくて、小学校1年から教えるの大変だっていうんで、百人一首をするとき、100枚より少なくすればいいんですね。
5つの色に分けてあります。例えばこれピンクとブルーですけども、こういうふうに5つの色に分ければ1つ20枚ですね。ですから20枚でやる。要するに5分の1でいいわけです。でも時間は5分の1じゃない、もっと速くなる。10分の1ぐらいの感じですね、100枚でやるのと20枚でやるのとは。
で、源平でやりますから、2人の目の前においてあります。1人が10枚見てりゃ

XI 「学習障害児指導」で陥りがちな失敗―改善ヒント

いいんです。1試合だいたい3分ぐらいなもんですね。

百人一首というのは教えるの大変だと思うかもしれませんがすごい簡単なんです。

● **百人一首の大事な条件**

ただ1つだけ、百人一首やるときの条件があるんです、大事なこと。それは教師が読んでやるということです。

我流でいいから朗々と読むこと。これ子どもに読ますとだめですね。絶対好きになりません。それから売ってるテープなんかもっとだめです。あんなのろまなやつなんかやってると、全然子どもだめです。

自己流でいいから朗々とやる。それが出発点です。

で、私は1枚目から読みながら1つずつ言っていきます。

お互いにこう並べました。みんな目の前に出てます。源平で2人で対戦するようになってます。ですから20組ぐらい必要です。ですから20組求められてもいいんですけど、そうでなければ自分で並べてコピーをして、あるいは色画用紙に印刷して貼り合わせたら、それぐらいのことできますから。でも大変な作業です。

えん。えん（と咳払いする向山先生。実際に子どもたちに指導する様子を実演してくれるようだ。たいがい実演の前には先生は咳払いをする）。

百人一首とカルタと……犬も歩けば棒に当たる……これちょっと違います。少し高級で五七五七七でできている。七七の部分はひらがなで書いてあるけれどもそれを取ればいいんです。七七の書いてあるところは、最初先生が3回繰り返して読む。繰り返された言葉が書いてあるのを取る。やってみるかい。

よをこめてーとりのそらねははかるともーよにおおさかのせきはゆるさじー。「よにあうさか」と書いてあるのを取ってごらんなさい。よにおうさかのせきはゆるさじー。

きりぎりすーなくやしもよのさむしろにーころもかたしきひとりかもねんー。「ころも」って書いてあるのを見つけて取るんですよ。ころもかたしきひとりかもねんー。

いにしえのーならのみやこのやえざくらーけふここのえににおいぬるかなー。「けふ」というのを取ってごらんなさい。けふここのえににおいぬるかなー。本当はけふをきょうと読みます。きょうここのえににおいぬるかなー。腕はひらひらしないで目の前にこうついておきなさい。

みちのくのーしのぶもじずりだれゆえにーみだれそめにしわれならなくにー、みだれそめにしわれならなくにー。取るときには「はい」って言って取りなさい。

わたのはらーこぎいでてみればひさかたのーくもいにまごうおきつしらなみー。同時に手が重なったら下の人が勝ちです。くもいにまごうおきつしらなみー。

て、いうように1つ1つやってくわけです。で、1回やりますね。最初は5分か10分かかるでしょう。それで終わりですね。そうしたら小学校1年生でも理解しますね。次の日から百人一首コールがおこります。「先生、百人一首やって」。なんでこんなに子どもは好きなのかと思います。

学級は昼前には終わります。「百人一首やってほしい、やってほしい」。これは短い時間でもできますから、瞬間の時間にできます。あるいは朝の会、帰りの会でやりたい人は、そのときにほかのことはやんない。こっちやった方がいいです。こっちの方がよっぽどいいぐらいです。

で、次に百人一首教えるのに大事なのは、いずれ百人一首覚えたら強くなるっていうので、家で覚え始めます。子どもたちはもうさかんにやってくるようになります。

お母さんたち、目の色変わります。うちの子ども、何やら百人一首の変なことやってる。なんだか賢くなったんじゃないかな。もう保護者会のたびにこれをやります。

そしてそのときなんですが、100枚覚えるのはもちろん大変なんですが、真ん中をどこで切るか、真ん中というのは実は最初1枚なんですね。

これは脳の働きなんですが、人間の脳っていうのは130億ぐらいの細胞があります。脳細胞です。賢くなるってのは脳細胞がネットワークをつくるんですね。

新しいことやると脳が細胞を介してネットワークつくるんです。これが覚えたり認識した状態です。

翌日になればこれは消えます。これは忘れた状態です。

もう1回やればすぐ戻ります。この新しいネットワークをつくるのが一番大変なんです。

●子どもは最初、拒否反応を示す

先生方、子ども教えていて新しいことやろうとすると、みんな拒否反応があります。これいやだ、新しいことなんかいやだ。それは最初が一番難しいからなんです、いやなんです。ですから百首覚えるのに1番大切なのは、1首。残りの99首覚えるのと同じくらいのものなんです。

私の場合でしたら、「『このたびはぬさもとりあえずたむけやま』というのがあります。たむけやまというのは向山と書きます」と子どもに言って、「これ先生の札。たむけやまっていうのが本当なんだよ。でも向山先生は『むこうやま』と読むからね。このたびはーぬさもとりあえずむこうやまーもみじのにしきかみのまにまにー」。

これ何回もやってるうちに、「むこうやま」っていうと「もみじ」となってくる

XI 「学習障害児指導」で陥りがちな失敗―改善ヒント

んです。そうすると1枚覚えるんです。「むこうやま」「もみじ」。そして次のを覚えていくわけですね。

で、覚えていって、真ん中、さっき極端に言えば1枚、99枚と言いましたが、15枚ぐらいが真ん中ぐらいですね。10枚まで覚えたって子は、あとはずーっと覚えていきますね。

そういうことを知ってれば指導……みんな違ってきます。

師尾先生は、「もろともにーあわれとおもえやえざくらーはなよりほかにしるひとはなしー」って教えて、師尾先生、「あたし花なんだよ」（笑）と教えるらしいですけど、そんなのはこじつければたくさんありますからいいでしょう。

そのような百人一首をずーっとやってこられたという話で……こんなに学級がまとまったり、いわゆる勉強のためになったり、それから感謝されたりって感じですね。

耳が聞こえないということですね。

こんなすばらしい文化なんですから、その子がいたためにやらないっていうのは逆のスタンスなんじゃないでしょうかね。

その子がいてもできるように、その子は先生の前に来るとか、別の形で読むときに札を置いてやるだとか、それが聞こえないんだったら目で見てその子と同じものを取るだとか、それは工夫はあると思うんです。

それはその子を持ってないから、私はわかりませんけども、私のクラスに難聴の子がいたときがありました。その子は私の目の前において目の前の場所で聞こえる形の中でやりました。

「そうした障害があるからそれやらない」とみんなが辛抱するんじゃなくて、「その子がいる、その子にも楽しいことすばらしいこと、みんなにもできるように、そのことを工夫してやる、努力してやる」というのが教師としての仕事だと思います。

著者
向山洋一（むこうやま・よういち）

日本教育技術学会会長。TOSS代表。
東京都生まれ。東京学芸大学卒業後、東京都大田区立の小学校教師となり、2000年3月に退職。その後、全国の優れた教育技術を集め、教師の共有財産にするための「教育技術法則化運動」TOSS（Teacher's Organization of Skill Sharing:トス）を始める。現在、その代表を務め、日本の教育現場ならびに教育学界に多大な影響を与え続けている。執筆活動も活発で、『跳び箱は誰でも跳ばせられる』（明治図書出版）、『新版 授業の腕を上げる法則』（学芸みらい教育新書）をはじめ、著書は膨大な数にのぼる。

プロデュース
星野裕二（ほしの・ゆうじ）

1958年生まれ
1982年　福島大学教育学部卒業
1982年〜2013年　福島県公立小学校教諭
現在　TOSS kids school大玉校経営
●著　書　『学級のいじめ発見十か条』（明治図書）
●編著書　『学級担任力がつく授業指導のコツ』、『先生が大好きになる特別活動指導のコツ』、『子どもの荒れにどう立ち向かうか』他　（以上明治図書）

そこが知りたい！"若い教師の悩み"向山が答えるQA集①
授業づくり"よくある失敗"175例
〜勉強好きにする改善ヒント〜

2017年1月5日　初版発行

プロデュース	星野裕二
著	向山洋一
発行者	小島直人
発行所	株式会社 学芸みらい社
	〒162-0833 東京都新宿区箪笥町31 箪笥町SKビル
	電話番号 03-5227-1266
	http://www.gakugeimirai.jp/
	e-mail : info@gakugeimirai.jp
印刷所・製本所	藤原印刷株式会社
カバーイラスト	前田康裕
本文イラスト	佐田みそ
装丁デザイン・DTP組版	星島正明

落丁・乱丁本は弊社宛てにお送りください。送料弊社負担でお取り替えいたします。
©Youichi Mukouyama, Yuji Hoshino　2017　Printed in Japan
ISBN978-4-908637-31-5 C3037